有本事的人，
一开口就赢了

[日] 桐生稔 著

陈垚岚 译

中国友谊出版公司

目　录

上篇

社交技巧

Chapter **1**
开启杂谈的方法

Chapter 2
展开对话的方法

Chapter 3
倾听与反馈

Chapter 4
让气氛变得热闹的方法

Chapter **5**
投其所好

Chapter **6**
如何留下好印象

Chapter **7**
思想准备

下篇

表达逻辑

Chapter 8
如何易于理解

Chapter 9
如何进行说明

Chapter 10
如何增强说服力

Chapter 11
大庭广众之下的说明之道

Chapter **12**
线上的说明

Chapter **13**
提高沟通能力的技巧

上篇

社交技巧

序章

我曾经历降级调职

读高中时，我常常是班级第一，不但担任学生会会长，还擅长各类运动，与他人相比，算得上比较优秀的那一类人。这样"比较优秀的"我，却在毕业进入公司的3个月后就经历了降级调职。

为什么我会被降职呢？这是因为我的营业额是倒数第一。

因为担心被拒绝，所以我不想给目标客户打电话预约见面；因为不想被上司听见我谈客户的过程，所以不愿和上司一起谈客户……我光顾着顺着自己的心意而为，其后果自然就是惨淡的销售业绩。在工作3个月后，我就被告知："下周开始你就调到地方①上去工作吧。"

---

① 地方：指东京以外的地区。——本书注释均为译者注

我获得了业绩第一

被调任到地方上后，我的第一项工作便是上门推销。

上门推销总是吃闭门羹，有时甚至还会被投诉，实在让我厌烦至极。因此，我便只专注于拜访原有的客户。我会在每天早上7点拜访第一家公司，先和负责人闲谈5分钟，到了8点再去下一家公司，也是先和负责人随便聊聊，9点再去下一家……如此日复一日地继续下去。

奇怪，我明明只做了这些简单的工作，却不知为何，原有的客户源源不断地将新客户介绍给了我。一年后，我在不知不觉间成了区域经理。被调任至地方2年后，在全国1200家店铺中，我负责的地区获得了成交率第一的好业绩。

我成了教授沟通技巧的老师

几年后，我从人才派遣公司辞职，开始从事和自己的专业毫不相干的工作：在一所音乐学校做接待员。

这家音乐学校里有几百名老师。我和他们相处融洽，常常在休息室里谈天说地、哈哈大笑。不过，我在音乐这一领域完全是个门外汉，所以，我们聊天的内容与音乐毫无关系。3年后，我成了这家音乐学校的事业部部长。

接着，我于2017年创立了"动力与沟通"学校。

我曾经对外界毫不关心，畏畏缩缩地蜷在自己的小世界里，只在乎自己的事，然而现在，我创立了教授沟通技巧的学校，业务范围辐射全国。

未来永远充满未知数。

口才好的人能够享有盛名，掌握专业知识和技术的人能够出人头地……可是现实并非总是如此。好的商品不一定畅销，帅气的人也不一定能受到异性的欢迎。比起"对方说了什么"，"和对方拥有怎样的关系"更打动人心。

本书的主题是"杂谈"，旨在构筑这样的关系。

所谓杂谈，"杂"的意思是漫无边际、无拘无束，"谈"的意思就是"话"。那么，为什么我要将其写作"杂谈"，而不是"杂话"呢？这是因为杂谈的"谈"字，是"言"与"炎"的组合，也就是说，"谈话"便意味着点燃人际关系。

构筑人际关系的方法基于人的心理而存在，拥有其固定的模式。那些跻身一流的人，正是掌握了成功的模式。

我所开办的学校，在全国各地已有3万名学生。在本书中，我将运用课堂上所使用的方法，教授读者如何通过杂谈来加深人际关系。

通过阅读本书，读者可以找到自己"无法顺利构筑人际关系"的原因，在认识到这一点的基础上，进一步实践，就一定能成功构筑起良好的人际关系。

我衷心地希望，这些看似日常的杂谈，能够成为改变读者人生的契机。

话不多说，就让我们立刻出发吧！请各位翻开书本，直接从自己想看的部分开始阅读。

桐生稔

Chapter 1

开启杂谈的方法

开场白

三流的人的开场白："今天真热呀"；二流的人的开场白："今天超过30 ℃了吧"；一流的人怎么说?

各位有过这样的经验吗?

你：今天真热呀!

对方：是啊，真热呀……（陷入沉默）

你：今天真热呀，超过30 ℃了吧。

对方：超过30 ℃了吗? 怪不得这么热。

你：是啊……（陷入沉默）

还没怎么开始聊就无话可说、陷入沉默的对话，同自然而然就能聊下去的对话，可是大不相同。而一流的人所发起的对话，毫无疑问属于后者。那么，他们到底是如何发起对话的？实际上，其中自有关键之处。

在解决这一问题前，请各位先回答我一个问题：你认为，一个人会对什么人最感兴趣？是喜欢的偶像，还是有好感的同学？通通不是。一个人最感兴趣的人，是"自己"。

比如，若是突然看见修学旅行的集体照时，最先找到的会是谁的脸？是自己，还是喜欢的女生？一定是找自己的脸花的时间更短。又如，介绍自己和介绍他人时，哪一个会介绍得更好？一定是自己的介绍，因为自己才是最了解自己的人。

人们最在意的一定是有关自己的事，谈话时最容易聊起的，也是关于自己的事——不如说，人们最想谈起的就是关于自己的事。而一流的人，往往清楚地知道这一点。

如果分析一流的人所发起的对话，就会发现对话的主题一定在对方身上。

例如：

"今天真热啊！超过30℃了吧。你这几天有苦夏吗？"

"今天可真热啊！但这空调是不是开得太冷了？你还好吧？"

"今天好热啊！不过我记得你是到了盛夏会变得活跃的类型呢！你喜欢夏天吗？"

一流的人发起的对话，往往会像这样把重点放在对方身上，使用一些让对方更容易参与进来的话题。

"和那个人聊天，不知不觉就能聊上很久。"在各位读者的身边，是否也有这样的人呢？如果有的话，在下次聊天时，请一定试着关注一下对话的内容。你会发现，谈话的主题总是向着你这一边。

-Road to Executive-

一流的人的开场白，会把焦点放在对方身上。

☐ 以对方为中心开启对话吧！

第一次接触

三流的人静静等待；二流的人抢先开口；一流的人怎么做？

我们在看刑侦剧的时候，常常能看见刑警审问犯人的情节。这时，刑警往往会使用"质问"的手段推进审问。这是因为，质问能够引出对方的回答，从而慢慢地将犯人逼入绝境。在其他类型的电视剧里，也常有配角询问主角"最近过得怎样"的剧情。通过主角的回答，聚光灯便顺理成章地打在了主角身上。

人们会回答提问。比如，当被问到"今天午餐吃了什么"的时候，就会下意识回忆今天的午饭；在学校上课的时候，当老师提问"2加2等于几"的时候，学生也总会给出答案。我们已经养成了一旦被提问就会回答的习惯。

一流的人对这一习惯深谙于心。他们会熟练地使用提问，引导

对方回答，从而掌握对话的主动权。掌握主动权的，看似是回答问题的人，实际上是提问的那一方。

我前公司的上司是全国数一数二的顶级推销员。我和他一起去谈客户的时候，发现他总是会先发制人，向对方发问。比如"社长，您好！最近公司换了新沙发吗？"或者"所长，好久不见！您的肤色看上去真健康，最近是在打高尔夫吗？"

以前，我们曾和某著名人寿保险公司的顶级推销员举办过交流会。那位推销员一上来便向在场的全体人员打招呼："欢迎欢迎！各位近来可好？"他通过提问，掌握了对话的主动权。

各位知道硅谷的传奇教练比尔·坎贝尔吗？多位声名赫赫的大人物都曾接受过他的指导，如苹果公司史蒂夫·乔布斯、谷歌前CEO埃里克·施密特，等等。著名的《万亿美元教练》讲述的便是他的故事，而这位"万亿美元教练"在指导他人时，总是会以"How are you? What are you working?（你好吗？在忙些什么？）"的提问来引入主题。

要先发制人、提出疑问，被提问的人一定会给出答复。一流的人会贯彻这一简单的原则。

-Road to Executive-

一流的人提出疑问。

☐ 以让对方更容易开口的方式来引导对话吧！

见面时的问候

三流的人只打招呼；二流的人多说一句；一流的人怎么说？

杂谈常以见面时的问候开启。比如，早上上班的时候，要向上司打招呼；在上班的电车里遇见了同事，也要给同事打个招呼；谈客户的时候，要先同客户打招呼……这种时候，如果只说一句"早上好"，那么对话便难以进行下去了。

许多书本或者补习班，都推荐使用"在打招呼后再说一句话"的办法来解决这一问题。比如，在向上司打招呼时，说"早上好，昨晚真是麻烦您了"；在给同事打招呼时，说"早啊！昨天喝得真开心啊！"；在同客户打招呼时，说"初次见面，蒙您亲自接待，倍感荣幸"……像这样，在每一句打招呼的后面，再加上一句话。

这种办法倒也不错。不过，极有可能出现下面的情况：

"早上好，昨晚真是麻烦您了。""哪里哪里。"（陷入沉默）

"早啊！昨天喝得真开心啊！""是啊，真开心啊……"（陷入沉默）

"初次见面，蒙您亲自接待，倍感荣幸。""您太客气了……"（陷入沉默）

即使加上了一句话，也常常出现对话难以继续进行的情况。要知道，如何自然地开启一段对话，也是有诀窍的。**这个诀窍就是**

"再说两句话"：在打完招呼后，再接着说上两句话。

　　"早上好（打招呼），昨晚真是麻烦您了（第一句话）。没想到部长这么精力充沛！（第二句话）。"

　　"早啊（打招呼）！昨天喝得真开心啊（第一句话）！大家都嗨过头了（第二句话）。"

　　"初次见面（打招呼），蒙您亲自接待，倍感荣幸（第一句话）。久仰久仰（第二句话）！"

　　不是在打招呼后加上很多话，而是要加上两句话。一定要记住，打完招呼后还有两句空白，我们非得把这两句空白填上不可，即：**打招呼＋第一句话＋第二句话。**

　　"好久不见！最近还好吗？我们多久没见啦？"

　　"你好，你看起来总是活力十足，我也得多多向你学习。"

　　"你好，最近过得怎么样啊？忙不忙？"

　　如此这般，在空白处填上合适的内容。至于到底要填什么，还得具体情况具体分析，不过，根据说话人填上的内容，后面的对话也就自然而然地展开了。

　　一流的人擅长先发制人。所谓先发制人，指的便是率先开启话头，使交谈变得更加容易。

　　打招呼往往承载着开启杂谈的功能，因此，请各位读者试着用

"打完招呼后再加上两句话"的方式开启对话吧，一定能使对话像踩了油门般顺利地进行下去。

当没有话题时

三流的人手忙脚乱没话找话；二流的人只会寻找日常话题；一流的人怎么说？

同初次见面的人聊天时，想必大家都有过"不知说些什么好"的经历吧。别说是初次见面的人了，如果突然在电梯里遇见天天都见面的上司，想必各位也常常会因不知道该说些什么，而感到气氛尴尬、格外难熬。

在谈及这一问题时，常用的解决方法是从"日常话题"开始。所谓日常话题，指的就是季节、爱好、音乐、旅游、天气、家人、健康、工作、服饰、食物、住所，等等，即围绕着人们日常衣食住行所展开的话题。

不过，要是每次都从这几个固定话题开始，难免会觉得单调；况且，这些"日常话题"的范围太广了，很难将所有内容都记住。

而一流的人，会从"王道的话题"开始。"王道的话题"是什么？"王道的话题"是"不论是谁都绝对会感兴趣的话题"。

谈及音乐的话，对音乐不感兴趣的大有人在；说到旅游的话，搞不好对方会说"不好意思，我不怎么旅游"；要是谈天气呢？可是总不能每次都聊今天天气如何如何吧！

那么，"不论是谁都绝对会感兴趣的话题"具体指的是什么？那就是每个人每天都会做的5件事：①吃饭；②运动；③工作；④挣钱；⑤睡觉。

当然，有时也有人出于种种原因不做这些事，不过大体上，这5件事就是人们每天都会做的事。既然是每天都做的事，那么它们对人的重要性便不言而喻。而重要的事就是"不论是谁都会感兴趣的事"。从这些人们感兴趣的话题入手，往往就能顺利地展开对话了。

假如在去公司的路上突然遇见了上司，我们大可试着从这几个"王道话题"入手！比如：

①吃饭——"最近您看起来好像很忙，有吃早餐的时间吗？""最近您都是在哪儿吃早餐呢？"

②运动——"最近您做了什么锻炼吗？唉，我最近完全没有运动过。"

③睡觉——"最近好好睡觉了吗？""您早上一般什么时候起床呀？""您是那种一沾枕头就能睡着的类型吧？""放假的时候，有没有痛痛快快地休息休息？"

在各位读者看来，准备了五花八门的话题，像机关枪一样嗒嗒嗒嗒说个不停的人，和与别人交谈时能够抛出对方感兴趣的话题的人，哪一种人更容易与人愉快地交流呢？答案自不必多说。要知道，杂谈的目的归根到底，是要创造出一个让谈话对象感到舒适的氛围。因此，比起话题本身，**一流的人注重的是创造出这样一个让人舒适的氛围。**

-Road to Executive-

一流的人会从"每日的日常"中寻找话题。

☐ 从人人每天都会做的5件事当中寻找开启对话的钥匙吧！

杂谈前的准备

三流的人大脑空空；二流的人准备话题；一流的人怎么做？

与有些人在一起时，总是很容易便聊得滔滔不绝；与另外一些人在一起时，谈话却总是难以进行，气氛尴尬。在各位读者的周围，是否就存在着这样两种人呢？

这二者之间究竟有什么不同之处？要回答这个问题，我们或许可以从1994年上映的美国电影《变相怪杰》中找到答案。主演金·凯瑞凭借这部大受好评的荒诞喜剧一炮而红。在电影中，金·凯瑞虽然戴着面具，却仍然演出了丰富多样的表情，使电影院内笑声不断。可见，人能够仅凭表情就逗乐他人，给他人带来满满的活力。

若论起"丰富多样的表情"，在日本肯定非迪士尼乐园的米老鼠莫属。前往迪士尼乐园游玩的人每天都大排长龙，而米老鼠更是常常被围得水泄不通。可若是米老鼠成天愁眉苦脸，或是摆出一副臭脸，那么它的人气一定会一落千丈。

我以前常去的一家咖啡店里，有位女店员很受顾客的欢迎。店里明明有那么多别的店员，可客人们偏偏只和她聊个不停。某天，我突然好奇为什么客人只和她说话，便悄悄地在一旁观察了起来。

答案很快就揭晓了，那就是这位店员脸上"一瞬间的表情"。当有客人进入咖啡店时，她并非使用语言，而是用表情传达出对客人的欢迎之意。她的表情仿佛在说："您又光临本店啦，真是不胜欣喜！"而这一切，仅仅发生在客人推门而入、她与客人四目相对的那一瞬间。

再举一个例子，在同学会上与阔别20年的同学再度相聚，互相打招呼说"好久不见！最近还好吗？"时，人们会流露出怎样的表情呢？眼睛一下子睁大，嘴角绽放出笑容，在见到对方的瞬间，就已经把"见到你真是太开心了！"写在了脸上。如果看见对方流露出这种表情，不论是谁都会一下子沦陷吧。

当与他人见面时，人们会最先看到什么？毫无疑问，就是对方的表情。

当一个人见到另一个人的表情时，他会在一瞬间就获取"面前这个人似乎很好说话""这个人看起来不善言辞"之类的信息。即使你准备了再多的话题，可如果对方紧闭心门、不愿多说，那么对话自然也就难以进行下去了。

因此，经验丰富、善于总结的人会时常思考"对方想在我脸上看到我怎样的表情"。

倘若各位读者有意识地提升自己的表情管理能力，能够自然地流露出"见到你很开心"的表情，那么就算是已经掌握一流的人的沟通技巧了。

记住他人的姓名

三流的人总是忘记；二流的人联想记忆；一流的人怎么做？

想必各位读者都有过这样的经历吧：有时会想不起他人的名字，有时又难以把他人的姓名和长相对号入座。当与别人聊天时，没有比忘记对方的姓名更糟糕的事了。

为了更容易记住他人的姓名，我们常常会使用"联想记忆法"。比如，当与姓"松川"的人见面时，就可以展开联想，如"松树长在山川里"之类的，从而记住对方的名字。不过，如果每次认识新朋友就编一套新的联想记忆方式，也是一件令人头疼的事。

就让我告诉各位一个既简单快捷又效果绝佳的办法吧！那就是人人或多或少都做过的一件事：重复。通过**反复说出对方姓名**的办法来加强记忆。

人可以通过不断地做同一件事，使之深深地印在脑海里，比如大家都会背的九九乘法表，正是因为童年时代经过无数遍的重复，所以长大后也能将其牢牢记住，不会忘记。就我个人来说，我有一个特技：可以在10秒内把全日本47个都道府县流畅地背诵出来。这是因为小学时在社会课上，我们曾无数次反复地干过这件事。

再打个比方，没人会忘记自己的名字吧？这是因为在成长的道路上，人们会经常说出或写出自己的名字。像"柠檬"这类比较复杂难写的汉字，即使现在不会写，只要经过反复的书写练习，就能轻而易举地把它写出来。

那么，我们要怎么做，才能把"重复"这一技巧实际应用到对姓名的记忆上呢？那就是**"在对话的过程中，不停地重复对方的名字"**。比如：

"您是田中先生吧？初次见面，请多指教。请问田中先生是哪里人？"

"啊，原来如此！这么说来，田中先生应该不怎么怕冷吧？"

"田中先生现在从事什么工作呢？"

"嗯嗯，是这样啊。想必田中先生您所在的公司，工作氛围一定很好。"

"今天能和田中先生聊天，我真是太开心了！"

如此这般，不停地在对话中重复对方的姓名，就能将其深刻地印在脑海里。

如果想要更上一层楼，那么不仅是在对话中，就连之后与对方邮件往来时，也要不停地重复，以加深印象："田中先生，非常感谢您今天抽出宝贵的时间与我见面。能和田中先生进行交流，我感到十分高兴。我与田中先生十分谈得来，时间一眨眼便过去了。期待下一次与田中先生的见面。"

或许稍微有些过火，不过像这样反复提及，就能把对方的姓名深深地印在脑海里。

各位知道艾宾浩斯遗忘曲线吗？随着时间的流逝，人的记忆也会逐渐消失。遗忘在学习之后立即开始，并且进程先快后慢；然而，只要按照规律，在学习之后抓紧复习，对新内容的记忆能力就会得到显著的提升。

姓名也是如此。在接触之后立刻不停地重复，就会更容易记住。没有比立刻在接下来的对话中进行重复更合适的时机了。

一流之人清楚地知道姓名所承担的意义。如果他人没有记住自己的姓名，人往往就会产生没有被他人认可的挫败感，以及自我否定的消极心态。在人际交往中，姓名承担着极其重要的意义，还请各位务必牢记。

因此，请务必通过"重复"这一绝佳的记忆大法，将他人的姓名深深地记在心间。

-Road to Executive-

一流的人通过重复记住对方的姓名。

☐ 在互报姓名之后，试试立刻不停地重复，牢牢地记住对方的姓

名吧！

Chapter 2

展开对话的方法

擅长杂谈

三流的人擅长说；二流的人擅长听；一流的人擅长什么？

在这个世界上，有许多诸如万事通、杂学家一般博学多识、见多识广，什么话题都能聊上几句的人。尤其是那些被称为"某某专家"的人更是不得了，只要一谈到相关领域的话题，他就能滔滔不绝，说得没完没了。

然而，这种像机关枪一样嗒嗒嗒嗒说个不停的人，却往往很难创造出一个让双方都感到舒适愉快的对话环境。

说到这儿，读者也许会想：那我就不说呗！我只听别人说，当一个优秀的听众，是不是就万事大吉了？此言差矣。

要是在对话中只频频点头，光听不说，那么对方难免会心下犯嘀咕："这人真的在听我说话吗？"夫妻吵架的时候，就时常出现类似的场景："拜托，你有没有好好听我说话啊？""听着呢，听着呢！"

光擅长说不行，光擅长听也不行，那么，我们应该致力于擅长什么呢？那就是擅长"让他人说"。

各位是否有过这样的经历：和朋友聊得兴高采烈，不知不觉时间就过去了。这一定是那位朋友极其擅长让别人说话的缘故。

因为，比起听他人说话，人在自己说话的时候，更容易觉得时间过得飞快。营造出让对方想要说话的氛围，这才是一个真正擅长对话的人所具有的本领。

要想做到这一点，一流之人的撒手锏便是"接续词"。即没有什么实质意义，但能起到承上启下作用的短语。

"您已经打了10年网球了？这么说来（接续词），您是从学生时代就开始打网球了吧？"

"也就是说（接续词），您是那种对健康十分在意的类型吧？"

"顺便一说（接续词），您还在做其他运动吗？"

在这段对话中，"这么说来""也就是说""顺便一说"，这些全都是能起到推进对话作用的接续词。

如果对方说"最近我完全没空休息"，而你只是点点头回答"哦哦，这样啊"的话，对话只能到此结束。所以我们应该这么说：

"最近完全没休息呀，看来你真的很忙。顺便问一句，你有多久没休息了？"

"我已经连续上了7天班了！"

"这样啊！也就是说，最近也没怎么睡好吧？"

"是的是的，没怎么睡好。"

"那这样的话，你也没时间陪孩子玩之类的吧？"

"可不是嘛，没时间陪啊！"

如上所示，使用能够推进对话的接续词，就可以使对话连续不断地进行下去。

这样聊下去，对方常常会道歉说："今天真不好意思，老是我一个人在说。"不过，这也没关系。要知道，人就是有一种"想要说话""想要被他人倾听"的欲望。在对话中，没有比诉求欲得到满足更令人感到开心和愉快的事了。对于能为自己提供这份开心和愉快的人，人们往往还会想要再次和他进行交流。

一流之人的确擅长倾听，不过他们更擅长"让别人说话"，在合适的时机使用接续词，从而引导对方不停地说下去。如此一来，便能让对方产生"我下次还想和这个人见面"的想法。

-Road to Executive-

一流的人擅长"让别人说"。

☐ 试试使用接续词，引导对方自然地说下去吧！

收集对话素材

三流的人从不准备；二流的人事前收集；一流的人怎么做？

倘若在对话中用尽了对话素材，就会陷入"无话可说""这个话题刚刚已经聊过了吧"的境地，不免令人困窘。

为了避免陷入这种尴尬的境地，有一个方法就是提前准备好对话的素材。譬如在杂志或者网络上搜寻最新的话题，将其放入自己的知识库中，说不准就能在聊天的时候用上。不过，要是刻意把话题引至自己准备好的素材上，难免会令对方觉得太过突兀。并且，每次对话前都收集素材也并非易事。

所以，就让我在此为各位介绍一个新方法——联想法。使用这个方法，便能够快速找到合适的对话素材，不显突兀地让对话流畅进行下去。

打个比方，让我们以"现在在意的事"为题目进行联想。

前文中提到如何推进对话，那么说到"现在在意的事"，就会让人想到"说话的方法"。说到说话的方法，就会让人想到"落语家 ①""政治家""搞笑艺人"……

让我们从中任意挑选一个关键词，就选"落语家"好了。说到"落语家"，就会想到"千原浩史 ②的表演太有趣啦""桂枝雀 ③表

---

① 落语家：指专门从事落语演出的人。落语类似中国的相声或评书，风格搞笑幽默，是日本的传统曲艺形式之一。

② 千原浩史：落语家，演员。

③ 桂枝雀：落语家，代表作有《时乌冬》等。

演的吃乌冬简直是艺术""虽说不是落语家，但是神田伯山①的表达能力也非常棒"……

再从中任意挑选一个的话，说到"千原浩史"，就想到"搞笑艺人""吉本兴业②""千原兄弟③""大喜利④"……

像这样，不停地使用"说到……，就想到……"的办法，就能轻轻松松地收获一大堆对话素材。

让我们试试看将这一方法应用于实际的对话中。比如对方同你说"最近我在减肥呢"，你就可以说"说到减肥，现在都流行什么方法啊？"

对方：现在流行生酮减肥法，就是不吃碳水化合物。

你：说到碳水化合物，一般是指哪些东西啊？

对方：比如米饭啦，面包之类的。

你：面包的话，原料是小麦吧。这么说来，乌冬面也不能吃了？

对方：没错，都不能吃。

你：这么一说，感觉咱们平常经常吃以小麦为原料的食物。

对方：是啊，就是因为经常吃，才瘦不下来……

---

① 神田伯山：讲谈师。讲谈是由讲谈师坐在台上，向听众讲述武将、大人物的故事等和历史有关的内容，是一种日本特有的表演艺术形式。

② 吉本兴业：千原浩史下属的吉本兴业株式会社，是日本最古老的艺能事务所。

③ 千原兄弟：千原浩史与其兄千原靖史组成的搞笑艺人组合。

④ 大喜利：出自歌舞伎表演，原指表演者再度返场，与演唱会中的"安可"意思相近。在现代电视节目中多指主持人给出题目，参加者想出搞笑的解答，接哏吐槽，妙趣横生。千原浩史主持的节目中，"大喜利"栏目人气极高。

瞧，像这样不停地使用"说到……，就想到……"，话题便经历了"减肥—碳水化合物—面包—小麦—平常经常吃小麦"的转变。因此，使用"联想法"，便能够使话题"从一个信息开始，源源不断地扩散开去"。

这就好比当我们谈起逻辑思维能力时，常常会使用的逻辑树分析方法一样。从一个信息引申出另外的信息，从这些"另外的信息"中，又能够引申出另外的信息。只要不停地联想下去，对话素材就能无穷无尽地涌现。

此外，当我们使用"说到……"之类的句式来向对方提问时，对方也能够更容易地回答，从而使对话顺利地进行下去。

当读者为"无话可说"而苦恼的时候，请务必试试用"联想法"找出在当下场景中最合适的话题，将对话推进下去吧！

-Road to Executive-

一流的人发散思维，找到素材。

☐ 试试使用联想法，让对话无止境地进行下去！

高质量提问

· 三流的人提问不过大脑；二流的人提问马马虎虎；一流的人会提出怎样的问题？

正如我在序章部分提到的那样，"杂"的意思是漫无边际、无拘无束，"谈"就是"说话"。所谓杂谈，意思便是通过谈话点燃人与人之间的关系性。也就是说，比起对话的内容本身，我教授的这些技巧更注重通过让人感受到舒适、愉悦、温暖、热情的氛围，从而得以在对话中拉近双方的距离。

反过来说，让人感觉不舒适、不愉悦、不温暖、不热情的氛围，是指什么呢？

人类的大脑在思考时会消耗大量的能量。各位读者在考试中遇到难题，或是在工作上遇到困难的时候，是否也常常用脑过度、筋疲力尽？的确，人越是费尽心思思考问题，大脑就越会感到疲惫。所以，如果在提问时连珠炮似的抛出让对方不得不费劲儿思考的难题，就会使对方感到不适，对话也就容易陷入僵局。

一流之人清楚地知道这一点。因此，当一流的人进行提问时，总是提出立刻就能给出答案的"具体的问题"。比如：

比起"最近很忙吗？"，"最近都好好休双休了吗？"要更好。

比起"请问您有什么爱好吗？"，"您休息的时候一般都做些什么？"要更好。

比起"您关心过自己的身体吗？"，"您最近去健身房健身了吗？"要更好。

比起"今晚吃点什么？"，"今晚想吃什么菜？是清爽的鱼类料理，还是丰盛的肉类料理？"要更好。

比起"最近学了些什么？"，"最近看了些什么书？"要更好。

总而言之，就是不要只是含含糊糊地提问，而是要提出具体的问题。

我们常常会遇到这种情况：在决定下一次聚会的日期时，被询问"下次聚会的话，你大概哪几天有空？"，被提问的人就得翻翻自己的日程表，找到空闲的日期，再反馈给提问者。如此一来一回，大费周章，耗时又耗力。

所以，比起问"你大概哪几天有空？"之类含糊的问题，不如直接问"关于下次聚会的时间，咱们从×月×日、×日和×日这三天里挑一天怎么样？你有空吗？"之类的问题，给出一个具体的范围让对方去选择，双方都会轻松得多。

最好的问题，就是被提问者"即使不深入思考也能回答的问题"。相较而言，那些含糊的提问会消耗被提问者大量的脑力，使他们感到疲倦和烦闷。

在对话难以继续、沉默尴尬蔓延的时刻，将含糊的问题细化，提出具体的问题，也许就会获得意想不到的效果！请读者务必试试看。

-Road to Executive-

一流的人提出"具体的问题"。

☐ 请试着提出让对方"即使不深入思考，也能立刻回答"的问题！

提问用语

三流的人不懂如何提问；二流的人一味狂轰滥炸；一流的人怎样提问？

相比单纯的聊天，人们对那些对自己感兴趣、向自己提问的人会更有好感。由此可见，在杂谈中，提问是不可或缺的一环。

不过，如果提的只是一些类似于"您昨天做了些什么？""您休息的时候会做些什么？""您是做什么工作的？""您住在哪儿？"的问题，与其说是提问，不如说只是在询问而已。因此，我们要学会对问题进行分类，并借此使谈话顺利推进。

问题主要可以分为三种：

1.使对话"深入"的问题。

2.使对话"扩大"的问题。

3.使对话"向前"的问题。

接下来让我们逐个进行分析。第一种，使对话"深入"的问题，简单一点来说，就是使用"为什么"。

对方：我最近开始练肌肉了！

你：真不错呀，对健康很有帮助！不过，你为什么开始练肌肉了？有什么契机吗？

对方：哎呀，我最近不是有点发福了嘛。

像这样，使用"为什么"，就可以使对话的内容更加深入。

第二种，使对话"扩大"的问题，简单一点来说，就是使用"除此以外"。

　　对方：我最近开始练肌肉了！

　　你：真不错呀，锻炼对身体有好处！除此以外，还在做其他运动吗？

　　对方：最近我也在尽可能地多爬楼梯，不坐电梯。

　　像这样，使用"除此以外"，就可以使对话的范围横向扩大。

第三种，使对话"向前"的问题，简单一点来说，就是使用"然后呢""还有呢"。

　　对方：我最近开始练肌肉了！

　　你：真不错呀，不像我，整天都懒得动……然后呢？你大概都做些什么项目？

　　对方：主要就是锻炼腹部肌肉和做深蹲，每周做3次左右。

　　像这样，使用"然后""接下来"，就可以推进对话。

　　想必读者也时常遇到这种情况。朋友打来电话抱怨说："我最近又和男朋友吵架了……"

你：哎呀，听起来不妙，然后呢？

朋友：我跟你说，他那个人最讨厌了！之前也是！

你：嗯嗯，还有呢？

比起没头没脑地就给出建议，不如使用"然后呢""还有呢"之类的提问方法，**从对方口中引出她真正想说的话**。

一流的高尔夫爱好者，会根据不同场合，熟练调换一号木①、铁杆②、推杆③和挖起杆④；一流的厨师，会根据制作菜品的不同，交替使用出刃包丁⑤、薄刃包丁⑥、刺身包丁⑦和中式菜刀。想要打造一流的杂谈，也是一样的道理。

要掌握一流的谈话技巧，需根据不同的场合，熟练使用不同的提问方法，为对方营造出舒适愉快的对话氛围。

-Road to Executive-

一流的人提出让对方愿意继续说下去的问题。

☐ **针对不同的场合，掌握不同的提问方法吧！**

---

① 一号木：是高尔夫运动中最长，也是最难掌握的一支球杆，其挥杆半径是所有球杆中最大的。

② 铁杆：多在球道上使用，或在三杆洞开球时使用，主要追求稳定性，通常是由不锈钢或软铁制成。

③ 推杆：推杆杆身较短，杆面倾角最大不超过5度，是用来在果岭上朝球洞方向推击球的专门球杆。

④ 挖起杆：主要用于果岭周围以及沙坑或长草救球，铁身较短，挥重比铁杆重，有反弹角。

⑤ 出刃包丁："包丁"意为"厨刀"。出刃包丁刀身又宽又厚，专门用于处理鱼类。

⑥ 薄刃包丁：专门用于处理蔬菜。

⑦ 刺身包丁：刀身细而窄，刀刃锋利，专门用于制作生鱼片。

陷入僵局时

三流的人沉默不语；二流的人没话找话；一流的人怎么做？

在聊天时，我们常常会遇到对话陷入僵局的尴尬。有时聊上两三分钟后，两人不约而同地停下来，陷入难挨的沉默中。各位读者，如果你遇见这种情况，该如何处理？

如果慌慌张张、手忙脚乱地没话找话，也许会让对方暗想："这个人一看就是在没话找话嘛。""他跟我聊天一点都不开心。"……这可就糟糕了。要知道，杂谈中最重要的一点就是"舒适愉悦"，我们可不能让对方产生不好的想法。

接下来，我将传授给各位在对话陷入僵局时一流的人所使用的方法，那就是"承上启下法"。

所谓"承上启下法"，就是承袭前文，开启新对话的方法。

当陷入僵局时，我们不要绞尽脑汁地没话找话，而是应当沿着之前的话头，自然而然地继续说下去。

我们可以使用"说到这个，我想起……""说起来啊……""要这么说的话，那……"之类的话做衔接，将重点从之前的对话转移到接下来要说的话题上。比如：

"我们单位最近好忙啊……"

"啊，是这样啊……"（沉默）

当陷入沉默时，就使用"承上启下法"。

"我们单位最近好忙啊……"

"啊，是这样啊……"

"说到这个，我想起我们公司最近来了好多新人，给他们做培训可真伤脑筋啊！你那边是什么情况？"

看，就像示例一样，用"说到这个"之类的话做衔接，就能自然地承接前面的内容，又能开启新的话题。

"我前几天去了热海①旅游哦！"

"去了热海旅游啊，真好真好。啊，说起这个，你是用带薪假日去旅游的吗？"

"我去人才派遣公司上班啦。"

"这样啊。说起人才派遣公司，在那里工作的话，跟人打交道的机会应该很多吧？"

虽说偶尔可能会让人觉得转折有些生硬，不过，比起内容是否符合逻辑条理，**杂谈更重要的是要营造出让人能够舒适交谈的氛围，即使说这是杂谈的生命线也不为过**。

在陷入沉默的时候，请各位读者务必试试看"承上启下法"，使用"说到这个，我想起……""说起来啊……""要这么说的话，那……"之类的衔接句，自然而然地将话题串联起来。

---

① 热海：位于日本静冈县东部。此市以温泉而出名，也是东京圈重要的观光都市，与神奈川县接壤。

用夸奖推进对话

三流的人随便夸夸；二流的人从不走心；一流的人怎么做？

在谈话中，"夸奖对方"十分重要。可是，如果只是说说"这条领带可真别致""今天穿的这套制服太适合你啦""你笑起来真好看"之类的话，总给人一种只是做做样子的敷衍感；如果夸奖那些早已被别人翻来覆去夸奖过的部分，对方也会认为你并不走心，对话便这样画上了终止符。

不要灰心，在这些普通夸奖的基础上，只要再稍微费些功夫，就可以使对话进行下去了。这个方法就是"夸奖＋一个额外的要素"：在普通夸奖的基础上，再重点夸奖一个额外的要素，就可以博得对方的好感，使他愿意主动说下去。

"这件外套真适合你！"只是一句普通的夸奖，在这个基础上，我们再增加一个元素，使之变成："今天这件外套真适合你！你的外套一直都是定做的吗？"

听了这种夸奖，对方往往会感到高兴，回答说"哪里哪里，只是随便买的便宜货啦"，或是"不是定做的，是我老婆自作主张给我买的"。

"尊夫人相当有品位呢！下次我可以和她一起去购物吗？"

如此一来，对话不就自然而然地进行下去了吗？

再举一个例子，如果对方最近剪了短发，普通的夸奖一般会说："你最近剪头发啦？短发真适合你。"我们再追加一个要素，就可以让它变成："你最近剪头发啦？短发真适合你。你身材比较瘦，搭配短发的话看起来很清爽！"对方的反应多半是"真的吗？看起来很清爽吗？"或者"哎呀，哪里哪里，只是看起来瘦，其实我有小肚子呢"。

这样一来一回，对话也就顺利地往下推进了。

前些日子，我在某个企业的培训结束之后，负责人对我说："您看起来总是开朗大方、干劲儿十足，请问有什么秘诀吗？"我笑着说："哪里哪里，我垂头丧气的时候可多了，在家里的时候性格也很阴沉。"对方也笑道："性格阴沉吗？还真看不出来。您能教教我隐藏自己不好的一面的方法吗？""当然可以！方法是……"

不知不觉中，我就和他聊得热火朝天。事后我不禁感叹，这位负责人十分擅长与他人的交流之道。在最初搭话时，他夸奖我"开朗大方、干劲儿十足"之后，还额外追问了一句："请问有什么秘诀吗？"这样一来，便使我认为，这个人"**并非只是在讲客套话，而是真的对我有兴趣**"。

一流之人会使用"夸奖＋一个额外的要素"的方法，推进对话。请各位读者务必试试这个方法！平时多多练习追加不同的要素，到了关键时刻，一定能使对话顺利地进行下去。

值得夸奖之处

三流的人一筹莫展；二流的人绞尽脑汁；一流的人如何找到对方身上值得夸奖的地方？

唉，我无论如何都找不到对方身上值得夸奖的地方，这可如何是好？遇到这种情况，不妨试试把过去和现在做一个对比，说不定就能从中获得灵感。

比如，上次考试只考了20分的儿子，这次考了38分。虽说只看绝对分值的话，38分也还是不及格，没有"值得夸奖的地方"；但如果把这次同上次做对比，就会发现他进步了18分。这18分的进步，就是他身上"值得夸奖的地方"。

公司里新来的应届生一次也没有成功地签下过合同，不过3个月前，他甚至连单独去谈客户都做不到。对比起来就会发现，他已经比3个月前进步很多了。因此，我们不妨鼓励对方："刚进公司的时候还不能独自谈客户，现在已经能独当一面了吧？真厉害啊！"又或者可以这么说："刚进公司的时候还有几分学生气，现在你已经是一个成熟的社会人了。"

如果找不到对方身上值得夸奖的地方，就可以与过去的情况进行对比，即通过"Before→After"的变化，来发现对方的进步。

那么，如果不了解对方的过去，又该如何处理？

比方说，我们去参加企业管理者的聚会，与初次见面的人打交道，如果只说"您现在正经营着公司吧"之类的套话，就完全发现不了对方身上的闪光点。然而，如果询问对方"您以前从事的是什么工作呢"，而对方回答"以前只是个普通小职员"，我们就可从此处入手，发现他身上"从小职员（Before）到管理者（After）"的变化。如此一来，便能对此大加赞扬："您以前只是个小职员，现在已经自己当老板了，这种敢于舍弃安稳的工作，自己创业闯荡的挑战精神，可真令人钦佩！"

我平时一般都穿蓝色的西装，因此曾有人问我："桐生先生，蓝色很适合您，给人一种清爽的感觉。顺便问一句，您以前也是一直都穿蓝色吗？"我便会如此回答："没有，我以前总是穿深颜色的衣服，像黑色、灰色之类的，那个时候不太在意衣服的颜色。"对方说："原来如此，您现在变得这么时髦，还真看不出来有过那种时候！这中间发生过什么事吗？"

之后，我便和对方愉快地交谈了起来，告诉了对方自己爱上穿蓝色西服的经过。对衣服颜色喜好的变化，其实也是一种"Before→After"的变化。有时我们自己难以察觉，其实世界上时时刻刻都发生着"Before→After"的变化。

当评价对方的变化时，请务必给出积极的褒奖。

拉近距离的方法

三流的人不得要领；二流的人寻找共同点；一流的人怎样拉近距离？

当开小组会议或是研讨会的时候，我们常被叮嘱要学会"找到与对方的共同点"。这话不假，的确，如果两人来自同一个地区、拥有共同的朋友或是共同的爱好，就很容易打开话头。

然而，倘若我们面对的是初次见面的人，对对方不怎么了解，又该如何是好呢？因为对对方一无所知，所以就算想要"找到与对方的共同点"，恐怕也并非易事。那么，在这种情况下，一流之人会如何拉近与对方的距离？那就是从"不同点"入手。

比如，你讨厌吃西芹，而对方却说："我超爱吃西芹！"这时，如果直接说："啊，这样啊，我很讨厌吃西芹。"那么对话就只得尴尬地落下帷幕。不过，倘若这样说："欸，你喜欢吃西芹啊？其实我对西芹稍微有点……好奇一下，你为什么喜欢吃呢？""嗯嗯，原来如此，还有这种吃法啊！""我下次也试试看吧！"

如此这般，着眼于"对方喜欢吃西芹而我讨厌吃西芹"的不同点，展现出对这一不同点的兴趣，用轻松的语气同对方搭话，对方一定也会开开心心地接过话头。

我的故乡是日本新潟县①，这里也被人们称为"雪国"。同生于"雪国"的人聊天时，最能聊起来的无疑就是关于大雪的话题了。不过，若是和来自冲绳地区的人聊天时，我便会把重点放在"下雪不下雪"这一不同点上。

我：啊，你是冲绳人吗？真好啊，冲绳一年四季都很暖和吧？听说也从不下雪。

对方：是的，从没下过！下雪是什么感觉呀？

我：雪下得大的时候，连一楼都会被埋起来。所以就算是大白天，一楼也暗沉沉的，光照不进来。

看，像这样的话，我们不就能愉快地聊起来了吗？

这是由人类这一群体的特性所决定的。人人都有不同的价值观，过去的经历和想法也迥然相异。**也就是说，比起共同点，我们身上有着更多的不同点。**

人人都有自己不喜欢、不擅长相处的对象。造成这一结果的原

① 新潟县：日本下辖县，位于日本中部、本州岛北部。境内有日本最长的河流信浓川，由河流冲击形成了广阔平原。境内温带海洋性气候显著，冬季雪量丰富，景色别具一格。

因，便是我们会想当然地认为"对方和自己拥有相同的价值观"。而在之后的相处中，当我们发现彼此在价值观上具有差异时，便会感到烦躁不安，心头蹿起一股无名之火，逐渐难以忍受、难以继续相处下去了。

要知道，我们人类原本就拥有各种各样的性格和想法，生长的环境也各不相同，若是发生龃龉，也不足为奇。因此，比起生拉硬拽地寻找共同点，从不同点入手更能增加彼此的话题，愉快地展开一场热闹的杂谈。

-Road to Executive-

一流的人通过寻找不同点拉近距离。

☐ 试试用轻松、好奇的语气谈论不同点，找到对话的突破口吧！

Chapter 3

倾听与反馈

倾听对方

三流的人不认真听；二流的人用耳朵听；一流的人怎么听？

各位读者和朋友一起去看过电影吗？

看完之后，我们常常会聊起关于电影的话题吧。比如"哎呀，真没想到后面会是那种剧情！"或是"嗯，总觉得今天看的这部没有吹的那么好啊……"之类的。相比起没有一起去看过电影的朋友，还是同一起去看过的朋友更容易聊起来吧？

这是为什么？当然是因为我们看过"同样的画面"。

旅游也同样如此。当同结伴旅游过的朋友在一起时，我们更容易聊起关于一起旅游的事情，这也是因为我们经历了"同样的画面"。

不过，即使我们知道了"经历过同样的画面后会更容易聊起来"，可是在现实生活中，也不一定总是能和对方享有共同的经历。若是一起去看过电影或是一起旅游过倒另当别论，可是更常见的情况是，对方同我们聊起来的事往往只有他自己经历过，比如

"昨天，上一个公司的前辈邀请我一起吃饭了！"或是"我跟你说，上个月，我和朋友一起去夏威夷玩了……"之类的。

当我们听到这些"自己没有经历过的事"时，又该如何应对呢？方法便是**"仿佛同对方见过同样的画面那般去倾听"**。比如，当对方谈起去夏威夷玩耍，在海里快活地游泳时，我们就可以试着想象他脑海中的夏威夷的景象：大海是什么颜色的、沙滩是什么颜色的、它大概有多大、有多少人在那里玩耍、气温大概多高……如果想象不出来，也可以直接向对方提问："夏威夷的海是什么颜色的？沙滩是什么感觉？"

当对方说起上周去登山之类的话题时，我们就可以在脑海中想象：他穿的什么衣物去登山、他都背了哪些装备、他攀登险峻山路时是如何汗流浃背……

这样，我们就可以仿佛和对方有过相同的体验一般，同对方聊天。就像一起去看电影一样，**当和同自己见过同样画面的人在一起聊天时，我们会更容易拥有"共感"**。所谓共感，就同字面一样，是"拥有同样的感觉"的意思。

当我们与对方拥有共感时，就会产生"他能明白我想说什么""如果是他的话一定就能懂我"的共鸣，与对方建立起信赖关系。

想象力是人类所具有的一项强大的技能。让我们好好地使用它，在听对方说话时，试试把对方的话语在脑海中转化成生动的画面吧！说不定你会惊讶地发现，同对方的距离一下子就拉近了不少！

反馈机制

三流的人毫无反应；二流的人点点脑袋；一流的人怎么做？

某位职业讲师曾问过我："你认为反应的反义词是什么？"我回答说："大概是无反应吧？"对方却告诉我大错特错，"反应的反义词是无视"。

无视，指的是"明明看见了，却装作没有看见"，它完全否定了对方的存在本身，可以说是一种非常令人心情沉重的行为。在学校里，有人因为被无视而拒绝去上学；在公司里，也有员工因为被无视而不愿去上班。有的人就算好不容易出门了，却会惊恐障碍发作，导致无法乘坐电车等状况。

当小孩对母亲说"妈妈，妈妈，听我说听我说"，却被忙碌的母亲无视，而这种情况一而再，再而三地发生时，这个孩子一定会心生不满，变得叛逆起来吧。

所谓无视，甚至可以说是能使对方的人生变得一团糟的重罪。

当明白反应的反义词不是无反应，而是无视之后，我便开始学习研究关于反馈机制和人类心理方面的内容。

当我们倾听他人讲话时，最应当做的反馈就是"给出反应"，而最广泛的反应便是"点头"。在他人说话时微微颔首，便是在表示"我正在好好听你说话"。

不过，一流之人的点头可与普通人的点头不同。在单纯的点头以外，一流之人还会施展另一项本领，那就是使用"感叹词"。

所谓感叹词，简单来说就是承载着情感的词。比如，在"欸，是这样吗？""哇，那可真惊人啊！""呀！这事做得可真漂亮！"之类的句子里，出现在前面的"欸""哇""呀"之类的词，即为感叹词。

在聆听他人讲话时，**不要只单纯地点头，而要一边点头一边使用感叹词，使其传递出"真厉害！""太惊人了！""太感人了！"之类的感情**。

想必各位读者都知道所乔治①吧。他在多档综艺节目中担任主持人一职，作为喜剧演员也广为人知，受到了许多观众的欢迎。为什么他具有如此高的人气呢？为了找出这个问题的答案，我反复观看了许多所乔治的视频。我发现，他十分爱说"欸""哇""这可真厉害呀"（结尾上扬）之类的词。在某个视频里，甚至1分钟内就说了足足6次。

倾听者给出这样热情的反应，就会让说话者在无形中认为："这个人在好好听我说话呢。"

一流之人，会将"点头"与"感情"组合起来，适时地给予说

---

① 所乔治：日本著名漫画家、主持人、喜剧演员。在日本高人气综艺节目《全能住宅改造王》中担任主持人，为动画电影《悬崖上的金鱼姬》中女主波妞的父亲藤本配音。

话者一定的反馈，来满足对方希望被承认的心理需求。

各位读者，请一定要试试使用"点头＋感叹词"的技巧，用承载着饱满情感的感叹词给予对方反馈——说话人的神情一定会肉眼可见地变得喜悦与高兴。

-Road to Executive-

一流的人使用"点头＋感叹词"的方法倾听。

☐ 试试看使用感叹词，向对方传递出丰富的感情吧！

被承认的渴望

三流的人无法满足；二流的人蜻蜓点水；一流的人如何满足对方心中的渴望？

当人被夸奖时，就会感到"我得到他人的认可了"，油然而生一种自身的存在价值被他人所承认的满足。

这个世界上存在着许多用以夸奖别人的词句，比如"太厉害啦！""太精彩了！""不愧是你啊！"之类的。虽说每一个都可以用以称赞他人，不过要是不管三七二十一全都拍拍手直呼"好厉害好厉害"，也许会让对方心下犯嘀咕："这家伙真的是发自内心地夸我吗？"因此，一流之人会使用比普通人"更上一层楼"的词语，来表达自己对他人的认可。

以与某企业管理者的对话为例。"我年轻的时候啊，公司一度面临破产的窘境，甚至有一次我不得不借了10日元。不过，我在接下来的7年里还清了这笔钱，现在公司每年都能创造10亿日元的利润。"

各位读者，如果是你，会如何赞扬这位管理者？

普通人的话，一般就会说"您可太厉害了"之类的话吧？如果我们试试用"更上一层楼"的表达方法，该如何说呢？

"简直令人目瞪口呆！"

"真叫人不敢相信啊！"

"这太惊人了！"

这些词与"厉害"是同一个意思，但听起来就比"厉害"更有冲击力。同样，人们常常使用的"太精彩了"，也可以依据具体情况，换成"真是美不胜收""太雅致了""您可真有品位"之类更高级的表述。

如果我们使用平常不怎么会说的表达方式去称赞他人，对方便会在无意识中感受到"啊，这和平时他们夸我的那些说法不一样"。

拿我自己来说，我喜欢用"简直不是一个数量级的""太有震撼力了""氛围满满""令人感到幸福"之类的词。

一流之人毫无疑问是词汇方面的专家。说得简单一些，就是拥有能"换种说法"的能力。比如，"您的声音真好听"，便可换成"您的声音真是沁人心脾""您的音色太完美了"之类，使用"沁人心脾""音色"这些更高级的表达方式。

"您看起来干劲满满"可以换成"您的干劲简直就像炸药一般威力十足","您脑子转得可真快"可以换成"您的大脑运转的速度简直就是声速呀"之类平常不大会使用的表达方式。如果我们这么做,一定能够打动对方。

当想要称赞他人时,不妨从"夸夸菜单"上多挑选几个能令对方感到开心的词。该如何增加自己的"夸夸菜单"呢?我们可以从小说或者诗歌中收集好词佳句,我还推荐大家从知名人士的演讲中摘取那些精妙绝伦的词语和句子。

请各位怀着"我要使用更上一层楼的表达方式,让对方发自真心地露出笑容"的心情,努力扩大自己的"夸夸菜单",并将其运用于日常的杂谈吧!

-Road to Executive-

一流的人使用比平常"更上一层楼"的表达方式。

☐ 试试收集好词佳句,积攒自己的"夸夸菜单"吧!

面对消极的内容

三流的人敷衍应对;二流的人连连附和;一流的人怎么做?

杂谈并不是只会聊轻松有趣的话题,有时对方也会提及一些消极的内容,比如"好生气,为什么只有我这么忙!""我们那个部长真是不可理喻！""唉，我一点干劲都没有！"之类的。

面对这种情况时，各位读者会如何处理？

如果只是说一些无意义的感叹词敷衍过去，那一定会使对话的气氛变得僵硬起来。说些"怎么会有这种事，你太辛苦了吧""你的心情我懂的""哇，这也太不可理喻了"之类的话附和对方倒也不赖，可是两人若是一味地分享消极的内容，对话便会在消极的氛围里结束，这可称不上什么良策。

最好的办法是，让对方在对话中变得振作起来，哪怕只有一点点也好。要想做到这一点，需要在对话中满足"能够使人变得积极起来的三大需求"。我会立刻为读者诸君说明。这三大需求即：

1.想要被认可。

2.想要被称赞。

3.想要被鼓励。

在橄榄球比赛正式开始前，教练会在送选手上场前对选手说："你们很强！很厉害！一定能战无不胜！"在《灌篮高手》①中，安西教练②的名言"你们是最强的"至今依然回荡在人们耳边。能够被冠以名将之称的人，都十分擅长认可、称赞、鼓励与激励他人。

我有段时间常去按摩，那里有一位按摩师人气极高，常常被约满。这位高人气按摩师在按摩时常对客人说："您最近是在锻炼吗？肌肉好僵硬呀。不过，正是因为很努力地锻炼了，所以肌肉

① 《灌篮高手》：以高中篮球为题材的少年漫画，出自日本漫画家井上雄彦，与《足球小将》和《棒球英豪》合称日本运动漫画三大巅峰之作。

② 安西教练：指日本漫画《灌篮高手》中的角色安西光义，湘北篮球队教练，是退役的篮球国手。

僵硬也是理所当然的。您可真厉害，这么下功夫去努力。"听了这些话，客人们心里都美滋滋的，有一种被认可和称赞的幸福感。反过来，人气低的按摩师喜欢说"一天到晚都坐在桌前，所以才会腰痛""哎呀，最近长期伏案工作的人变多了，怪不得嚷嚷腰痛的也多了不少"之类的话。各位读者，你更愿意和哪位按摩师交谈呢？想必一定是能够给予你认可和称赞的那一位吧。

因此，当对方说出消极的内容时，我们首先要做的是倾听，在最后说些表达对对方的认可、称赞和鼓励的话：

"您工作忙起来的时候就像超人一样，这份能力真的很厉害。"

"您都累成这样了，还能每天都去公司上班，真佩服您这份坚韧的心性。"

"既然你都这么努力了，我也不能落后，还得多多向你学习才是。"

请读者务必在对话的结尾处摁下"激励开关"，使对话的氛围由"负面满满"转换到"积极向上"！

-Road to Executive-

一流的人大加鼓励。

☐ 试试让对方变得积极起来吧！

意见相左时

三流的人一味反对；二流的人违心赞同；一流的人怎么做？

各位读者，你们周围有喜欢把"但是""可是"之类的词挂嘴边的人吗？如果是在严肃地探讨某个问题，出现意见相左的情况是十分正常的，然而在杂谈中，我们所追求的并非意见的正确与否，而是舒适的聊天氛围。因此，如果有人时时刻刻都在反驳他人的话，那么别人一定会暗自嘀咕："这家伙可真麻烦啊。"

比如，若是别人同你说"今天可真冷"，而你反倒觉得今天还挺暖和的，当出现这种情况时，我们该如何处理？如果心直口快地说"是吗？我倒觉得今天挺暖和的啊"，气氛便会变得僵硬起来，对话也就没有了下文。那么，我们应该说"是呀是呀，今天真冷啊"之类的话，违心地赞同对方吗？可这样做总感觉是在撒谎，弄得自己心里一阵不爽。

其实，这时候我们应该用"兴味盎然法"来改变话题的重点。比如，当对方说起天气真冷时，你便可以兴味盎然地提问："××，你怕冷吗？"这也来自我的亲身经历。

我：今天天气也太冷了吧。

对方：说来桐生先生是来自雪国的吧？（兴味盎然）

我：这倒没错，不过我从小就很怕冷……

对方：我还以为雪国地区的人都不怕冷呢，看来并非如此啊。

我：的确是这样！其实我家那边怕冷的人还不少。

对方：既然这样，大家有什么保暖的措施吗？

我：啊哈哈哈，比如穿两件保暖内衣之类的。

像这样，对方不断"兴味盎然"地向我提问，话题也就逐渐拓宽了。

当意见相左时，**我们不必一味反对对方，也不必违心地赞同，只需兴味盎然地向对方提问，营造出让彼此都感到舒适的对话氛围即可**。

若对方说"今年奥运会应该会很热闹吧"，而你回答"但是我对奥运没有兴趣"，那么对话只能就此打住；反之，如果说"你打算买票去看吗？"或者"你平时就有在关注什么项目吗？"之类的，改变话题的重点，针对对方的兴趣发问，对话就会自然而然地继续下去了。

不论是谁，大家都认为自己的观点是正确的，也希望在他人看来也是如此。如果被别人反驳，一般人都会感到不快。为了最大限度地减少这种不快，我们就需要在提出不同意见前设置一个"间隔"——用兴味盎然的提问让对方思索"为什么他会这么认为？"从而给予对方思考的时间。

《孙子兵法》曾言："不战而屈人之兵。"而在现实生活中，**比起讨论的胜利与否，我们更需要关注的是彼此之间舒适的谈话氛围**。

社交网站

三流的人无视他人；二流的人抢占风头；一流的人怎么做？

在现代社会中，社交网站是一个重要的交流平台。人们在社交网站上的评论转发，常常都是些杂七杂八的闲聊，就像把现实生活中的杂谈移到了网络中一般。因此，社交网站上的交流，也可以说是杂谈的一种。

现实生活中，如果在聊天时被他人无视，我们就会感到不满，其实这在网上也一样。当某人发布某条内容时，一定是期待着来自他人的评论和交流的。

比如，当某人发布"我上周去冲绳玩了"的动态时，他一定是想要得到来自他人的关注、理解和认可的。那么，我们该如何评论这样一条动态呢？可以说"我上个月也去冲绳玩了"之类的内容吗？

要回答这一问题，就让我们先来看看我的一次失败的经历。之前，在我学习心理学的时候，有人曾对我说："最近我想要学习新的技能，所以开始学心理学了。"一听这话，我便怀着几分炫耀说："其实，我最近也在学心理学！这几天我在学习荣格的理论，果然他和弗洛伊德之间有许多不同点呢！"结果，对方没聊几句就离开了。

如果考虑到发布者的心理，想让他开心的话，那么面对"我上周去冲绳玩了！"这样一条动态，比起说"我上个月也去冲绳玩了！"之类的话抢风头，不如说"哇，看起来好好玩啊""海边风景真美""果然好好休息才能更好地工作"，爽快地夸奖和认可对方发布的内容。

当对方发布"我最近在学习××"时，比起抢风头地说"最近我也在学习这个哦"，不如说"佩服你的求知欲！下次有机会也教教我吧""平时那么忙居然还挤得出时间学习，太厉害啦""不愧是学霸，总是在学习，从未被超越"之类的内容，对方对你的好感度一定会噌噌噌地上涨。

要知道，人最讨厌的就是"被无视"，其次就是"被抢风头"。当自己正说得高兴的时候，若是被人打断或抢过话头，想必人人都会心生不快。反之，如果对方对自己态度很好，人们自然而然就会回以好脸色。这是一种"回报心理"法则。

所谓"投我以木瓜，报之以琼琚"，他人对我好，我也会对他人好；他人赠我礼物，我也会回赠他人；他人充满活力地向我打招呼，我也会回报以问候。

评论社交网站上发布的内容时同样如此。如果自己发布的内容获得了他人的认可，人们就会在潜意识里认为"我也该回报对方"。如果能在网络上构建良好的朋友关系，那么到了线下，想必也可以愉快地谈天说地吧。

为了进一步拓宽、巩固与他人的关系，一流之人往往会运筹帷幄、提前部署——这一能力不仅体现于现实中，在网络上也同样如此。

-Road to Executive-

一流的人爽快地认可对方。

☐ 试试揣摩对方的心理再评论，构筑良好的关系吧！

Chapter 4
让气氛变得热闹的方法

掌握节奏

三流的人独自滔滔不绝；二流的人讲上三五分钟；一流的人怎么做？

各位读者，你们可曾注意过自己同他人对话的时长？比方说，如果对方问起"你昨天都干了些什么"，你会花多长时间回答这个问题？

有些人一说起话来就没完没了，只顾着自己爽快，这种人肯定会被大家嫌弃的。反之，懂得掌握对话节奏的人，在说了一小会儿后，就会将话头抛给对方："对了，你昨天都做了些什么？"

在我们平日的杂谈中，对话交替的最佳节奏是30秒左右。

电视广告的长度一般在15～30秒，这是因为这段时间内人们的注意力最为集中。一旦过了30秒，人的注意力就会出现显著下降。广播节目也是如此，播音员说30秒左右就会把话头抛给嘉宾。如果平时注意观察搞笑节目的主持人，就会发现那些称得上一流的人，都是在讲30秒左右，然后让嘉宾接过话头。

譬如，明石家秋刀鱼①主持的节奏简直堪称完美。他会自己抛出一个哏，让嘉宾接哏；接下来让话题回到自己这边，抛出新哏，再让嘉宾接哏。其节奏的精妙之处在于，每过30秒，讲话的人就会更换一次。

在公司里，我们常常有机会一展身手，把在培训中学到的知识运用于实际。一个优秀的业务员在同客户打电话时会说："您好，我是××公司代理店的××。我们有一个新活动，每月可以节省2000日元的费用，请问贵公司现在使用的是××线路吗？"如此这般，说了30秒左右，然后就快速地提出问题，让对方回答。不这样做的话，很快就会被挂断电话。

那么，我们该如何把这一技能应用于杂谈？

举个例子，"××，听说你最近开始打高尔夫了？其实我最近也开始啦！上周我去了千叶的××乡村俱乐部，才刚刚起步，打得不怎么样，只拿了××分。你呢？平时一般都去哪里打球？"

这大概就有30秒了，接着我们就该把话头递给对方。

"我昨天去看了今年票房第一的《××》（电影名）！售票处队排得老长了，我足足排了4个小时。不过内容真的很有趣，值了！电影院里好多人都哭得稀里哗啦的。你看了没？"

说上30秒，就把话头递给对方。

只要掌握好这个节奏，便不会让对方感到厌烦，对话就能愉快地进行下去了。

---

① 明石家秋刀鱼：日本落语家、主持人、演员、搞笑艺人。20世纪80年代开始在电视上活跃，1999年作为日本出镜最多的电视明星被载入吉尼斯世界纪录，2019年第三次登上"第11届最喜欢的主持人排行榜"的榜首。主要作品有《从天而降的一亿颗星星》《二十岁的恋人》等。

电视主持人，广播播音员，公司里有名的培训师，联谊时炒热气氛、把控全场的人……读者们若试着注意一下他们说话的时间，一定会发现他们有意地掌握了说话的节奏，每到一定的时间就把话头抛给下一个人，使得场内一直保持着活跃的气氛，自然也就有舒适愉快的对话氛围了。

-Road to Executive-

一流的人每过15～30秒就将话头抛给对方。

☐ 试试在恰当的时机将话头抛给对方吧！

做说明时

三流的人喋喋不休；二流的人追求完美；一流的人怎么做？

在杂谈中，"把话说得简洁易懂"十分重要。如果让人觉得"这家伙在说些什么啊""完全搞不懂他的意思"，对话可就难以推进了。

那么，该如何把话说得简洁易懂？秘诀就是用"画面"来传达。比起文字，人类更擅长通过画面认识新事物。

比如，全是文字的书和绘本，显然后者更受小孩子的欢迎。最近就算是商业领域也推出了许多《用漫画了解××》之类的书籍。通过画面，读者能够更轻松且快速地抓住关键信息。

在对话中，也有一种方法能使内容具有画面感，让对方一下就能捕捉到重要信息，那就是"**比喻法**"。

说到"比喻法"，就不得不提有名的美食评论家彦摩吕[①]。当他吃海鲜盖饭的时候，曾称赞说："哇，简直就是大海的百宝箱。"这句话让许多观众的眼前浮现出了栩栩如生的"大海的百宝箱"的画面。即便是详细地挨个解说，譬如"哇，海胆散发着黄色的光芒，金枪鱼看起来十分肥美，乌贼很新鲜，鲑鱼卵也闪闪发光……"，也达不到这个效果。

再打个比方，当别人问起"你的家庭是什么样的家庭"的时候，我们该怎么回答？比起一一列举说"我家有爷爷奶奶、爸爸妈妈和我们兄弟三人，姐姐一家人也和我们住一起，十分热闹"，直接说"我家就跟《海螺小姐》[②]里一样"更容易让对方理解。

拿我来说，其实我家的人口组成是太爷爷太奶奶、爷爷奶奶、父亲母亲和兄弟4人，我是最小的一个，和《海螺小姐》里并不完全一致。不过，我依然经常用《海螺小姐》举例，目的就是简单易懂。

那么，如何使用"比喻法"呢？这也很简单，直接**联想相似的东西**就可以了。

"我那个上司，总是趾高气扬的，又很自以为是，根本就听不进去别人的话！"→"我那个上司，简直就像胖虎[③]一样！"

---

① 彦摩吕：20世纪80年代加入少年偶像团"幕末塾"的日本艺人，后转型出演美食节目，现在已经奠定了业界美食王的地位，几乎所有的美食节目都有他的身影。

② 《海螺小姐》：日本家喻户晓的长寿电视动画片，从1969年开播至今。

③ 胖虎：日本漫画《哆啦A梦》中的角色。

"公司附近有家馆子听说还不错。据说炖菜和味噌汤都很好吃，有种简单朴素又健康的感觉，什么时候一起去吃吃看？"→"公司附近有家馆子，据说是妈妈的味道呢！什么时候一起去吃吃看？"

通过相似的事物展开联想，就能让对方的脑海中浮现出相应的画面。

"比喻法"是著名演说家会潜心钻研的方法之一。各位读者，如果下次在你的周围出现了让你感觉"这家伙还挺会说话的"的人物，请务必试着注意一下他的发言。你一定会发现，他的句子里常常使用"比喻法"。

-Road to Executive-

一流的人使用"比喻法"，轻松传递画面感。

☐ 试试将文字转化为画面吧！

吸引他人

三流的人毫无章法；二流的人话题有趣；一流的人怎么做？

许多杂谈，比如下班后的饮酒聚谈、同友人的闲聊、公司休息室的闲谈等，都具有两个以上参与者。

当在场人数较多时，就会出现话题换来换去的情况，很难吸引到他人的注意力。如果每次都能想出引人参与的话题当然另说，对我们普通人来说，这一点是很难做到的。

在这种场合，一个有效的方法就是使用"拟声拟态语"。所谓拟声拟态语，就是"拟声语""拟音语"和"拟态语"的总称。

"拟声语"，是指模仿人或动物发出的声音。比如"呀——""咯咯笑""喵喵喵""汪汪汪"之类的。"拟音语"，是指模仿自然界或物体发出的声音，比如"一闪一闪""哐当""丁零当啷"之类的。"拟态语"，是指表示状态的词，比如"滑溜溜""松松散散""乱七八糟"之类的。

把这些词放进对话里，就能吸引他人的注意。比如：

"之前，我去看了电影《××》，太好看了！"→"之前，我去看了电影《××》，感觉心脏一下就被揪紧了！"

后者更能传递出电影带给人的震撼。

"之前，我去了札幌，那边真是冷死我了！"→"之前，我去了札幌，那边太冷了，我的牙齿都在咯咯打战。"

后者更能生动形象地传递出札幌之冷。

除此以外，还有其他各种各样的表达方式：咚咚咚地响个不停、嗖的一下就长高了、海水哗的一下就退去了……

说到拟声拟态语的专家，那可非宫川大辅①莫属，他的一句话里面，常常会用五六个拟声拟态语；史蒂夫·乔布斯在发布会上，也常常使用拟声拟态语，使得句子更加生动形象。

我们公司每个月大约会召开170个交流研讨会，研讨会的标题里就常常使用拟声拟态语，比如"热火朝天""突飞猛进的进展""如何让模模糊糊的话语变得清晰明亮"……

请各位读者自由地展开想象的翅膀，试着运用各种各样的拟声拟态语吧！这一定会让你成为会场里最亮的那颗星。

-Road to Executive-

一流的人使用拟声拟态语。

☐ 试试使用拟声拟态语吸引他人吧！

制造笑点

三流的人无法做到；二流的人说说笑话；一流的人怎么做？

在杂谈中，制造笑点往往是炒热气氛的妙招。要知道，谁也不会喜欢死气沉沉的谈话氛围，人们更乐意在充满欢声笑语的环境里开展闲聊。

我们并非专业的搞笑艺人，不必时刻都讲出让全场哄堂大笑的

① 宫川大辅：日本演员，搞笑艺人。

段子——不过，使用一点小小的技巧，让听众能"噗"地笑一笑，使气氛变得活跃起来，这还是能够做到的。

那么，如何才能让普通的对话变得有趣起来？方法就是"**在给出结论之前先设置反差**"。

比如，"我那个上司，老是板着一张脸"只是一句普通的话，试试看，设置一点反差，把它变成"我那个上司，特别喜欢跟老婆撒娇，在我们面前却老是板着一张脸呢"，如何？

在给出"老是板着一张脸"的结论前，先小小地设置一个"喜欢跟老婆撒娇"的反差，就能使对话变得有趣起来。又如：

"那个便利店店员，态度很冷漠。"→"那个便利店店员，对别人都笑眯眯的，一到我态度就很冷漠……"

"你长大之后瘦了不少呢！"→"你小时候啊，脸蛋圆溜溜的，还被取了'面包超人'的外号，没想到长大之后瘦了不少呢！"（这是我的亲身经历）

虽说只是在说普普通通的小事，但是只要设置一点反差，普普通通的小事也能变得富有吸引力。

具有一流的谈话能力的人，毫无疑问都是逗人发笑的专家。我有个爱好，就是去听不同的演讲，并且在演讲中用"正"字记录下一共有多少个笑点。

令我印象格外深刻的是Japanet Takata[1]前社长高田明的某次演讲。在60分钟的演讲中，会场中一共响起了22次笑声。在演讲的最开始，高田明社长就说："今天演讲的内容会十分有趣，各位听众，想笑的话就尽管笑出来吧！"可见，这显然是他精心设计的笑点。

不过我还得重复一点，在我们平时的对话中，**不必像他一样引得全场哄堂大笑，而只要达到稍微逗乐他人的程度就可以了**。

制造笑点，向来是特别有效的沟通技巧之一。当人们笑出来时，更容易敞开心扉，这就意味着如果能成功逗乐他人，便有了进一步交流的可能。各位读者，请一定试着在你的话语里添加小小的幽默元素，在对话中制造小小的笑点吧！

-Road to Executive-

一流的人让普通的叙述变得幽默。

☐ 试试看，在给出结论前设置反差，以此制造笑点吧！

同时向多人传递信息

三流的人随随便便；二流的人认真叙述；一流的人怎么做？

正如我前面所说，杂谈并不局限于一对一的场合。事实上，许

---

① Japanet Takata：日本电视购物公司。前社长高田明常常亲自担任主持人，用独特的声调与夸张的动作推广产品，给观众留下了深刻的印象。高田明也因此成为日本电视购物节目的标志性人物。

多对话都发生在在场人数众多的情况下。如何把信息传递给众多听众呢？这可是一个令人头疼的难题。

这时，就得用上"描写力"，让话语变得如同呈现在屏幕上的影像一般。想想看，假如大家围在一起观看屏幕上的画面，是否就能一下子让所有人都接收到信息了？

落语家是"描写力"的专家。江户时代至今，作为一种传统的表演艺术，落语始终长盛不衰，吸引了为数众多的观众。当观看落语表演时，就会发现，**落语表演中明明只有一个人在说话，落语家却能活灵活现地演绎出各式各样的场景，轻松易懂，精彩有趣。**

落语表演通常是由单人独自进行，却会在表演时呈现出多个形象，演绎出不同的人物。除此以外，表演者或走或卧，时而走走停停，时而据案大嚼，通过动作表演出各种不同的场景。不管有多少观众，只要他们同时观看同一场演出，便能在同一时间接收到同样的信息。

那么，就让我们试试把这一技巧应用于普通的对话中。

比如，"之前在学校里，老师说我要更努力学习才行"这句话使用了第一人称，是一个普通的陈述句，让我们试着把它变成下面的样子："之前在学校里，老师跟我说了'你可得更努力才行啊'之类的话。"在说话时，记得模仿老师的语气，生动地转述"你可得更努力才行啊"，就仿佛还原老师和你说话的场景一般。

又如，"我前几天去吃寿司，厨师推荐说比目鱼的确很好吃，我就点了比目鱼。老板跟我说要点比目鱼的话，在上面加上梅子一起吃更好。我就试了下，结果真的非常好吃！"这是个普通的第一人称陈述句，让我们来修改它："我前几天去吃寿司，问有没有什么推荐的。厨师跟我说'比目鱼很赞哦'（模仿厨师的语气），我就点了比目鱼。老板又说'比目鱼的话，在上面加上梅子一起吃，味道绝了'（模仿老板的语气），我就试了下，结果真的非常好吃！"

虽然只有一个人在说话，但通过"表演"，对话里就呈现出了"我""厨师"和"老板"3个人物形象。

当我们面对很多听众说话时，通过一人分饰多角，便能让普通的叙述呈现出画面感，使听众更容易理解，这就是"描写力"的作用。请读者试着在对话中"描写"出多个不同的人物，让你的叙述如同影像一般浮现在听众的脑海中吧！

-Road to Executive-

一流的人在对话中运用"描写力"。

☐ 试试一人分饰多角，增强叙述的画面感吧！

说到自己时

三流的人一味自说自话；二流的人尝试增强趣味；一流的人怎么做？

在杂谈中，我们除了听别人说话，有时也会想聊聊关于自己的事。不过，如果一味地自说自话，很快就会让对方感到无聊。即使事先做好充足的准备，尽力让话题变得有趣，也免不了碰一鼻子灰。

如果有一种方法，让我们既能聊起自己的事，又不让对方感到无聊，那就再好不过了。

一流之人所使用的方法是，在说到自己的话题时，使用"简直就像是在和对方对话一般"的"提问法"。举个例子来看，"我昨天在中餐馆点了小笼包，结果等了足足30分钟才上菜！如果是你会怎么想？说起中餐，不是有一种'速度就是生命'的感觉吗？这未免也太慢了吧！是吧？是吧？不过那个小笼包真是好吃得让人目瞪口呆。你吃到过这种感觉的小笼包吗？没有吧！我也是第一次吃到。里面的肉汁简直了，有一点点甜，汁水非常浓郁，我吃得根本就停不下来！"

"如果是你会怎么想？""这难道不是××吗？""你不觉得××吗？"在对话中加入这样的提问，其目的并非要求对方回答，而是**表现出仿佛在和对方对话一般的样子**。

这样就并非只是我们一个人在自说自话，而是仿佛在和对方一来一回地进行交谈。如此这般，就可以让对方不会因"被排除在外"而感到无聊，而是好像加入了对话一般，津津有味地听下去。

这就是有名演说家经常使用的技巧——"一人提问"。

要知道，演说家常常同时面向几百人进行演讲。如果只是喋喋不休地谈论关于自己的事，很快就会让观众感到厌烦不已。因此，他们经常使用"各位听众，你们会怎么样？""大家认为这种事真的能做到吗？""各位有过相似的经历吗？""各位难道不想试试吗？"之类的句子，在演讲中进行提问。

这些提问并非想要一个具体的答案，而是通过提问吸引听众的注意，使得演讲者仿佛是在和几百人的观众进行交流一般，还能炒热会场的气氛。

我曾经去听过Japanet Takata的前社长高田明的演讲。在60分钟的演讲中，他使用了18次"一人提问"，大约每3分钟就会提问1次。那次演讲，会场里掌声不断，气氛热闹极了。

在对话中使用"一人提问"，仿佛是和对方对话一般谈起自己的话题，就可以让对方对你的话题产生兴趣，专心地听下去。请各位读者务必试试这个方法，毕竟所谓的"对话"，就是得一来一回地产生交流才行。

-Road to Executive

一流的人使用"一人提问法"。

☐ 试试仿佛是和对方进行对话一般，聊起关于自己的话题吧！

发言较长时

三流的人没有主题；二流的人以对方想听的话题作主题；一流的人怎么做？

杂谈有长有短。短的一两分钟就能说完，长的有时得说上五六分钟。许多场合都需要我们进行较长的发言，比如公司下班后的饮酒聚会，邻里、同学之间的聚餐，或者联谊，等等。这些场合往往需要我们同他人进行2小时左右的杂谈。

在这种时候，我们如何才能使气氛热闹起来呢？首先必须清楚的，是以下两个原则：

1.人只想说自己想说的话。

2.人只想听自己想听的话。

毕竟人几乎都以自我为中心。将这两个原则运用在杂谈上，就会发现，我们的话题是：

1.对方想说的话。

2.对方想听的话。

只要围绕着这两个话题展开对话，即使说上好几个小时，气氛也不会变得僵硬。不过，如果只围绕一个话题展开对话，时间不长倒也罢了，如果要持续一两个小时恐怕很难。因此，我们要适当地让第一个话题和第二个话题交织，抛出对方想听的话题，推动杂谈进行下去。

某次，我和客户公司的董事长聊天时，在董事长室的书架上发现了一本我看过的书。我就说："董事长，您也看过这本书吗？"董事长大概是十分沉迷于那本书，仿佛早就在等我提问一般，立刻滔滔不绝地讲起了关于那本书的事。

当书的话题告一段落时，我们又聊起了代谢症候群①。

---

① 代谢症候群：是许多慢性疾病的危险因子，更可当作疾病发生前的警讯，指腹部肥胖、高血糖、高血压、血脂异常，又称"一粗、二高、血脂异常"。

听见董事长发牢骚说："真想让肚子上的肉一瞬间全部消失啊！"我便适时地向他介绍"减掉肚子上的肉的必杀技"。谈客户时，以对方想听的内容作为话题可是销售必备的技能。最终，董事长向我介绍了大约10家公司。

我们公司的业务范围辐射全国，而其中的大多数都是由客户介绍而来的。看，杂谈就是具有如此神奇的力量。

各位读者，请试着了解一下你的客户想说的话题是什么，想听的话题又是什么吧！除客户以外，上司想说的话题和想听的话题又是什么？同事呢？朋友呢？男朋友/女朋友呢？说不定从中你能发现许多此前不知道的细节。

如果不知道的话，就请试着在下次聊天的时候试探性地聊一聊。不必追求一口气就知道全部，只要知道一点点就足够了。这一点点就能使你更好地掌握聊天的内容，从而大大提升对方对你的好感。

人们对那些自己毫不在意的话题产生不了兴趣。反之，如果是自己关心的内容，那么不论多久都能聊得热火朝天，听得津津有味。

-Road to Executive-

一流的人将对方想听、想说的事作为话题。

☐ 试试迎合对方的兴趣展开对话吧！

读懂空气

三流的人无知无觉；二流的人逢迎他人；一流的人怎么做？

日本曾流行过一个词——"KY"。"KY"是日语中"不会读空气"的缩写，现在已经不怎么说这个词了。不过，人们依然常常会说"拜托你学会读空气吧"或者"这个人很会读空气"之类的话。

那么，人们常常挂在嘴边的"会读空气"到底是什么意思？我把"会读空气"定义为"能读懂人内心的表情"。

所谓"人内心的表情"，就是开心、平静、悲伤之类的心情状态。各位读者，你知道站在你面前的人或是现在所处的地方，大概处于"开心""平静""悲伤"哪种氛围之中吗？如果只用这3个词来划分情绪，你能做到充分地理解它们吗？

比如，在葬礼上，人们通常处于悲伤的状态之中；在热热闹闹的饮酒聚会上，就处于开心的状态之中。如果聚会中大家都开开心心的，只有一个人挂着一张面无表情的脸，那周围的人就会说他不会读空气。

在杂谈中，如果对方始终面无表情，那也许就表明他对聊天的内容毫无兴趣。因此，如果对方一直都表现出这种"没什么兴趣"的样子，我们不妨尝试切换一下话题。

如果对方处于悲伤的氛围中，我们就不要老是自说自话，或是一味吹嘘自己。这时，我们就得说"刚才老是我一个人在说话，真不好意思，看您听得那么认真，我也不知不觉地说过头了"之类的话，顺便想想如何让对方也加入话题。

请读者试想一下，如果你去参加一个聚会，却出于某种原因迟到了。当你匆匆赶到聚会地点时，如果周围的人都一副面无表情的样子，聚会气氛尴尬，这可如何是好？这时，你就得赶紧想些办法把气氛调动起来。如果能让大家露出笑脸，你的这个本事就足以令人刮目相看。

调动气氛有一个简单的方法，那就是笑容。**情绪是会传染的。**

如果去那些经营状况不佳的公司，就会发现公司里的气氛往往低沉而压抑；反之如果去那些生意火爆的餐饮店，在进门的瞬间就能感到满满的活力，店员们都笑脸相迎，你也会不自觉地微笑起来。

在聚会时，如果气氛压抑，那么你只要率先露出大大的笑脸就好，并不需要特别说什么有趣的段子活跃气氛。笑着听别人说话，笑着提问，笑着分享美味的食物，或是为一些趣事而哈哈大笑，这种情绪一定能传递给在场的每一个人。

法国哲学家、教育家、散文家阿兰的著作《论幸福》出版于1925年，至今仍然长销不衰。书中有这样一句话："**并非因为幸福而欢笑，而是欢笑带来了幸福。**"的确如此。

气氛压抑的时候，我们就尽量表现得活泼；如果有人陷入悲伤之中，我们就感其所感、悲其所悲。这就是一流之人所具备的能力：读懂空气并采取行动。

-Road to Executive-

一流的人随机应变，改变空气。

☐ 试试读懂空气并采取行动吧！

聚会

三流的人默默当听众；二流的人拼命表现；一流的人怎么做？

在平时的聚会中，你一般扮演着怎样的角色？

我们的生活中有各种各样的聚会：公司的聚会、同朋友的聚会、不同职业人士的交流聚餐、婚礼的二次会[①]……在聚会上，大家一般都扮演着固定的角色：听众一直便是听众，聚光灯中心的人也一直都是人群的焦点。

不过，一流之人并非如此：他们会根据不同的情况转变自己的角色。

比如，在气氛热热闹闹的时候，他们就会扮演一个合格的听众；当气氛低迷的时候，他们就会挺身而出，积极地活跃气氛。有时聚会中，大家说着说着，不知怎的就戛然而止，这时，他们也会站出来填补上这段尴尬的空白。**一流之人会根据不同的情况，自由自在地在不同的角色之间转换。**

在我年轻的时候，某位讲师曾教过我关于"角色"的知识。在我们的社会中，只要有人的地方就会有不同的角色。那么，在聚会中，我们该如何根据情况转变自己的角色呢？有一个非常简单的办法。在聚会上，一般只有以下这三种角色：

1.主持人

---

① 二次会：正式婚礼之后的第二次小范围聚会，是日本婚礼习俗，参会者多为新人的好友，气氛较之正式婚礼更轻松。

2.说话人

3.听众

让我们来逐个分析。"主持人"是指那些在聚会上掌控大局的人。比如，他们会适当地照顾到每位参会者，捧场提问，准备食物和酒水，就像电视节目里的主持人一般。"说话人"是指那些开启话头、提出话题、侃侃而谈的人，他们一般是聚会的焦点人物。"听众"则是指静静地聆听，适时地给出反应的人。

当我们参加一个聚会时，不妨先想想，今天的聚会里，谁是主持人，谁是说话人，谁又是听众。如果缺少了某一类角色，就让我们去填补这个角色的空位。这样，所有的角色都有人担任，大家也就能度过一段其乐融融、气氛愉快的聚会时光了。

各位读者，平时在聚会中，你是否曾听人说过"今天某某没有来吗"之类的话？有时我们身边会有这样一号人，如果他出现，大家就会感到安心；如果他不出现，就总觉得心里有些空落落的。这些人之所以能被他人惦记，并不仅仅是会要宝逗乐，而是他们总能够根据状况的不同，适时地转变自己的角色。

我有一位朋友，经营着年营业额达数百亿日元的大型超市。平日里他是一个十分稳重的人，不过，如果聚会上气氛低迷，他就会像是变了一个人般不停地讲段子、说笑话，让气氛活跃起来。

一流之人，即使只是在普通的聚会上，也会将注意力放在"这个场合需要怎样的角色"上（而非"我想扮演怎样的角色"），适时地转变角色，做出自己的贡献。

-Road to Executive-

一流的人纵观全场、转变角色。

☐ 试试根据不同的情况，转变自己担任的角色吧!

Chapter 5

投其所好

姿势

三流的人扭向一边；二流的人投以目光；一流的人怎么做？

各位读者，在对话中，你是否注意过自己以怎样的姿势朝向对方？譬如，你要是把头扭向一边说话，估计对方也不愿搭理你。那么，把视线投向对方，而身体不动又如何呢？比方说，把脸朝向对方，而身体依然对着电脑，这大约也行不通，因为对方会认为你根本就没想认真地和他说话。

我已经反复提到过，在日常的杂谈中，比起谈话的内容，如何营造轻松愉快的气氛更为重要。既然如此，一流之人会以什么部位朝向对方？

说来可能有些令人惊讶，那就是"腹部"。

有许多关于腹部的成语：推心置腹、剖腹藏珠、心腹大患……可见，对于人类来说，腹部是身体中十分重要的部位。人类的大小肠就位于腹部。大小肠具有吸收营养、排出废物的重要功能，如果它们停止工作，人类就会死去。此外，丹田也位于腹部，这是人类聚气凝神之所在。对于女性来说，这里还有另一个重要的器官——子宫。

所以，**若是我们将这一重要部位朝向对方进行谈话，一定能让对方感到安心**。这是因为，"袒露腹部"便是给出"没有敌意"的信号。比如，小婴儿在睡觉时常常睡得四仰八叉，处于一种完全没有抵抗能力的状态，这就是信任的表现。

将腹部朝向对方，便能营造出一种安全且安心的气氛。

马斯洛需求层次理论将人类的需求划分为5个层次，通常被描绘成金字塔状。处于底层且对人类来说最重要的是生理需要，包括食欲、性欲和睡眠欲等；第二重要的便是安全需要，即能够安心地工作、生活，不会遭遇危险的保障。在马斯洛看来，**安全需要几乎同生理需要处于同等重要的位置**。

因此，在杂谈中，我们需要将腹部朝向对方，形成一个面对面的姿势。如果是在电梯这种并列而站，不适合大幅调整姿势的地方，最好也稍微侧一侧身子，让腹部朝向对方。这么做一定会让对方对我们的印象大为改观。

如果是围坐在小方桌前说话，那么我们正前方和两边都有人在。在这种情况下，我们就需要根据正在说话的人的不同，调整自己的姿势，每次都让自己的腹部面对正在说话的人。当然，向他人投以目光也十分重要，但最重要的还是腹部的朝向。

各位读者，请一定试试将这一重要的部位朝向他人，为你们的对话营造出安心的氛围吧！

肢体语言

三流的人没有动作；二流的人动作夸张；一流的人怎么做？

在日常生活中，除了说出口的语言，我们也常常使用肢体语言进行交流。比如：一边说着"帮我拿下那个"，一边用手指着那件物品；在告别时挥舞手臂；在听对方说话时微微颔首……生活中类似的例子还有很多，我们经常无意识地使用肢体语言进行沟通交流。

杂谈也同样如此，我们通常会不自觉地带上一些肢体语言。自己在说话的时候，如果对方跟木头人似的僵在那里一动不动，恐怕没几个人愿意继续聊下去。

虽说如此，但如果使用太过夸张的肢体语言，那恐怕会适得其反。比如，如果一方说"我昨天老觉得脚有些不对劲，仔细一看才发现两只脚穿了不同颜色的袜子"，而另一方手舞足蹈地回应说"哇，听起来好有趣！好厉害！"恐怕会让人感到困扰吧。

所以，一流的人会使用"适当的肢体语言"。所谓"适当的肢体语言"，就是指能让对方感到放松、容易开口的肢体语言，其秘诀就是使用"手"。

"手"的肢体语言十分重要。比如：在听人说话时，有些人喜欢双手交叉抱胸，这种人常常被别人在心里拉黑；胳膊撑在桌上，这是感到无聊的表现；美国前总统特朗普的招牌姿势竖起手指，常被解读为表明自己高高在上的地位。又如，握手。握手的由来众说纷纭，其中有一种说法就是向对方证明自己手中没有武器，以示友好。

　　手常常能够表现出人类的心理。因此，在杂谈中，我们可以用手做出适当的肢体语言，向对方传达出"你可以放心地和我谈话""我没有伤害你的意思"的含义。如此一来，便能制造出让对方感到安心、容易开口的聊天氛围。

　　具体来说，就是张开手臂。**这个动作与握手具有同样的效果，能传递出"我没有携带武器"的信息，潜意识里让对方感到放心。**许多有名的演说家就常常在演讲中使用这个姿势，这也能传递出"让我们开诚布公地谈谈"的含义。

　　细节决定成败。当与他人谈话时，请一定注意观察对方的肢体语言。如果有人让你感到放松，你不自觉地就侃侃而谈，那么对方一定使用了合适的手部语言。一流之人，就是能够注意到这些细节，所以才能营造出愉快舒适的聊天氛围。

-Road to Executive-

一流的人通过手部动作让对方敞开心扉。

☐ 　试试使用合适的手部肢体语言，营造出让对方感到安全和放松的氛围吧！

展示自我

三流的人完全不会；二流的人孔雀开屏；一流的人怎么做？

各位读者，你们是否听过"展示自我的法则"？将自己身上好的坏的通通展示给他人，便能降低他人的警惕心，更容易获得他人的信赖。比起总是吹嘘"我这个人非常厉害……"的人，能够坦率地说出"我其实有很多不好的地方……"的人更容易收获别人的好感。

并且，展示自我还具有一定的回报性。比如，如果我们跟别人说："我读书的时候常常不及格，脑子不大开窍。"对方也容易袒露自己不好的一面："其实我成绩也不好……"又如，如果同对方说："我最近在健身，结果第一天腰就闪了，医生跟我说这段时间不能锻炼了。"对方也更容易跟你说："闪到腰了？这可得注意，我以前也闪过……"

可见，擅长展示自我的高手，也是擅长让别人敞开心扉的高手。

让我们说回杂谈上。人们不乐意和那些完全封闭自我的人聊天，不过反过来说，要是一个人孔雀开屏般完全地展示自我，恐怕也会被认为是极度自我中心的类型，同样讨不了好。在杂谈中，重要的是一来一回、有来有往的和谐气氛，因此，展示自我最好的方法，就是"互相展示自我"。

具体来说，就是当自己展示出一面时，便让对方也展示出一面；当自己展示出更深入的一面时，便也等待对方展示出更深入的一面……这就像打牌时两边互相出牌一样，很是有趣。

在平时的相处中，也要注意与对方的距离，建立让对方更乐意展示自我的关系。

有时自己十分迫切地想展示自我，而对方并不大愿意展示，这时又该如何是好呢？这就得具体情况具体分析，在对话中把握好展示自我的尺度。

一流的人毫无疑问具有优秀的感知能力，擅长把握与他人的距离。这从他们能够一点点地通过互相展示自我，从而拉近与别人的距离就能看出。因此，为了锻炼自己的感知能力，让我们从试探性地展示自我、观察对方的反应做起吧！

-Road to Executive-

一流的人一步一步展示自我。

☐ 试试营造出能够与对方互相展示自我的氛围吧！

与年长者相处

三流的人谄媚讨好；二流的人夸耀实绩；一流的人怎么做？

各位读者，在你们的周围，是否有这样的人：他们十分讨人喜欢，即使犯错也会被原谅。

我迄今为止接触过许多年轻的经营者。我发现，那些一路顺风顺水、节节攀升的人总是有着一个共同点：他们都很受年长者的喜爱，并且极为擅长借用他人的力量。

孤军奋斗的人，总会有触碰到天花板的那一天，毕竟世界上一定存在着一些光靠个人的力量无法解决的难题。而那些懂得如何从年长者那里获取喜爱与帮助、擅长借助他人力量的人，更容易迈步走向成功。

既然如此，到底哪种类型的人更容易获得年长者的喜爱呢？

1.总是干劲儿十足地工作的人。

2.大部分时间都干劲儿十足地工作，偶尔犯迷糊的人。

事实上，年长者毫无疑问都会偏向第二种类型。兢兢业业地把工作做好当然重要，但偶尔犯点迷糊才更惹人怜爱。也就是说，不要做"完美无缺"的人，而是要学会适当地暴露自己的弱点。

拿狗狗打比方的话，比起龇牙咧嘴的杜宾犬，显然是在地上打滚儿、露出肚皮的吉娃娃更加可爱。正是因为它露出了自己的弱点，才让人能够安心地抚摩。

再举个例子，搞笑艺人出川哲朗[①]和上岛龙兵[②]明明没有拿过什么有名的奖项，却总是活跃在各个电视节目里。许多主持人都表示，只要有这二位在的话，即使偶尔气氛尴尬，他们也会很快做出反应，活跃气氛，令人感到"有这二位在我就可以安心了"。

可见，在交流中，"安心感"可谓基本中的基本。

平时总是干劲儿十足的年轻经营者突然向年长者诉苦说："其

---

① 出川哲朗：日本演员、搞笑艺人，活跃在多个综艺节目中。
② 上岛龙兵：日本演员、搞笑艺人，在著名日剧《朝5晚9～帅气和尚爱上我～》中饰演女主角的父亲。2022年去世。

实我一直有个烦恼，就是朋友太少了……"年长者就难免心生怜爱："既然如此，我就把某某介绍给你认识吧。"反过来说，如果平日里总是摆出一副"我人脉很广"的牛气冲天的样子，想来是很难得到介绍的。

一流的人十分擅长获得他人的喜爱。因此，我们要适当地放低姿态、学会示弱，懂得如何营造出一种"只要有你在，我就安心了"的氛围。如此一来，便更容易获得他人的喜爱。

-Road to Executive-

一流的人懂得示弱。

☐ 试试偶尔暴露出弱点，博得他人的喜爱吧！

与年长者的杂谈

三流的人畏畏缩缩；二流的人阿谀奉承；一流的人怎么做？

与年龄差十来岁或是数十岁的年长者交谈时，大家是否会感到无话可谈？代沟横亘，所具有的知识与经验也大不相同，完全不知道该聊些什么，气氛往往就会变得尴尬。如果只是一味地阿谀奉承，也会轻易地被对方看穿。

那么，我们该如何与年长者进行交流呢？秘诀就是请求对方的教导。这是因为，**地位较高的人习惯于教导地位较低的人。**

比如：在公司里，前辈会指点后辈如何泡茶；在学校里，高年级的学生会自觉地照看低年级的学生；家里如果有了弟弟妹妹，哥哥姐姐就会无条件地承担起照顾他们的责任……

在江户时代，日本全国各地大概有6万座寺子屋①，几乎以无偿的形式为学生提供基础教育，比如读、写以及打算盘。

在公司里，前辈指点后辈泡茶并不会加薪；在寺子屋里，老师教育学生也并没有丰厚的回报。然而，即使不会得到金钱方面的报酬，地位较高的人向地位较低的人传递知识和经验，这一行为几乎已经刻进了DNA中。

理解了这一行为后，如果我们表现出想要接受对方教导的样子，就能发现与年长者对话的切入点了。比如，在与上司的对话中的"您真是知识渊博"可以转化为"您真是知识渊博，请问您是如何掌握这么丰富的知识的？"在与年长的经营者对话的时候，"××社长，您看起来总是精神很好呢"可以转化为"××社长，您看起来总是精神很好呢。请问您是如何做到每天都精力充沛的？有什么秘诀吗？"

关键词就是"如何"。

当公司的前辈同你分享他在培训中学到的知识时，你却回答说"啊，这方面我也看过几本书"，对话便会就此打住；反之，在上司看来，在对话中认真地记笔记、恳切地请求教导的部下，一定会显得无比可爱。

---

① 寺子屋：日本江户时代的私塾，提供类似现代的小学教育，学童年龄大都是6至10多岁，是寺院开办的主要以庶民子弟为对象的初等教育机构。

所以，在同年长者说话的时候，请读者一定尝试使用"您是如何……""为什么……""怎样才能……"之类的句式，在从年长者那里获取经验与知识的同时，也能更好地充实自己。

-Road to Executive-

一流的人恳请教导。

☐ 试试用提问的方式获取经验与知识吧！

与自己不擅长应付的上司相处

三流的人不敢靠近；二流的人讨论工作；一流的人怎么做？

谁都有不擅长应付的人：有些人总是沉着脸，令人难以接近；有些人总爱喋喋不休地说教，令人生厌。对上班族来说，不喜欢上司、难以和上司相处的人更是为数不少。

心理学有一个理论，名叫"曝光效应"。这一理论表明，**人与人之间接触的次数越多，越容易对对方抱有好感。**

的确如此。在我们的生活中，比起刚刚认识的人，当然是与已经见过许多次面的熟人在一起时更容易说话，好感度也会随之上升。可是，按照这个理论所说，我们与上司不也经常见面吗？然而有时见面次数的增加非但不会使好感增加，反倒会"越见面越觉得那个人讨厌"。

我们该如何克服这种心理呢？不如从日常的对话内容中寻找灵感。

即使与上司常常见面，但聊天的内容多半仅限于工作，我们对对方的生活一无所知：家庭、兴趣爱好、喜欢的食物、最近沉迷的乐趣……

总是沉着脸令人难以接近的上司，其实在家里会细心周到地照顾长辈。不仅如此，妻子因故去世，因此他负担起了照顾孩子的责任，一个人又当爹又当妈地拉扯孩子长大。早上他会为孩子准备丰盛的早餐，不仅要照顾长辈，还在公司里拼命工作挣钱，周末时在家里做整整两天的大扫除，根本无暇休息……如果知道了这些事，我们看待上司的目光是否会有所改变呢？

人会因未知而感到不安。反之，如果对一件事物有了充足的了解，对它的恐惧和不安就会减少。

譬如，鬼屋为什么会让人感到恐惧？因为在黑暗之中，不知道什么时候从哪里会突然出现"鬼"来吓人，这就是一种典型的对"未知"的恐惧。和外国人聊天时，如果对对方的国籍和工作一无所知，聊起天来就总觉得忐忑不安；而如果有了充足的情报，说不定就能和对方愉快地聊上许久。

让我们回到如何与上司相处这一话题。

有些时候，为什么明明与上司每天都要见面，却还是不擅长和对方相处呢？这是因为我们对对方工作以外的部分一无所知。因此，聚会是一个绝佳的时机。我们可以装作不胜酒力，向上司提问："您家里有几口人呀？""您有什么特别沉迷的兴趣爱好吗？"如果对方是那种不怎么愿意谈论这些话题的人，就可以试试先从自己身上谈起，降低对方的警惕心。

即使面对自己不擅长相处的上司，只要怀着"想要与他处好关系""只要能与他处好关系，我去上班的压力就会减少不少"的心态，一点点诚恳地与对方交往，就一定能有所收获。而这之中，互相展示自我，减少"未知"带来的恐惧与不安，构筑良好的关系，无疑是最有效的方法。

毕竟，"安心感"是人际交往的基础。让我们先从与对方交流基本的信息做起吧！

-Road to Executive-

一流的人交流信息。

☐ 试试增进对对方的了解，减弱自己的恐惧与不安吧！

Chapter 6

如何留下好印象

留下印象

三流的人过度夸张；二流的人稳扎稳打；一流的人怎么做？

各位读者，在你的生活中是否遇见过这样的人：他学历高，工作好，看上去总是自信满满，乍一看明明是个完美的人，你却不知为何不想与之相处；又或者，他待人接物亲切温和，办事认真负责，明明是个很不错的人，却不知为何不能吸引你⋯⋯

这是怎么一回事呢？只要我们分析一下人类的大脑，就能得到答案。

人类的大脑更容易**"对变化做出反应"**。

电影的故事情节就是一个极好的例子。对那些主角从头到尾一帆风顺的故事，观众们并不怎么买账。通常，受欢迎的电影讲述的都是主角一开始十分失败、坠入深渊、遍体鳞伤，再奋起抗争，最终取得成功的故事。只有这样，情节才会一波三折，能够吸引观众。所以，电影的故事情节通常都是由"从失败到成功"的变化构成的。

　　假如超市正在促销100日元的鸡蛋，比起直接告诉顾客"鸡蛋仅售100日元！欲购从速！"，用"原价200日元的鸡蛋现在仅售100日元！欲购从速！"的方式宣传，鸡蛋会卖得更好。同样是售价100日元，第二种方式表现出了从200日元到100日元的变化，所以才会更吸引顾客。

　　在将棋①棋士中，羽生善治②的比赛格外精彩。在前半程的比赛中，他往往会输得丢盔弃甲，可一旦比赛进入后半程，他就会逆风翻盘，取得最后的胜利。从"输得丢盔弃甲"到"大获全胜"，也是变化的一种体现。

　　人类更容易对变化做出反应，如果面对的是像念经一样毫无起伏变化的事物，就容易失去兴趣。那么，如何把这一点应用到杂谈中呢？

　　头脑灵光、成绩优异、能说会道，如果只有这些毫无变化的优点，就不容易给人留下深刻的印象；反之，如果一个人看上去很机灵，却说出一些笨拙的话，反而更具有独特的魅力。

　　我见过各种各样的经营者。他们中越是成功的那些，越是喜欢侃侃而谈自己过去失败的经历：曾经业绩一塌糊涂啦，因为是女性而饱受歧视啦，曾经破产过啦，等等。平日里看上去呆头呆脑的人，要是偶尔说了些聪明的话，也会让人另眼相待。

---

① 将棋：流行于日本的一种棋盘游戏。
② 羽生善治：日本将棋棋士，第一位获得"永世七冠"资格的棋士，胜利场数位列历史第一。所获冠军和荣誉众多，被誉为将棋史上最强棋士之一。

又如，整条街上最威风的不良少年，其实会悄悄地给小猫喂食。如果目击到这样的画面，是不是会有心脏一下子被击中的感觉？

给对方留下印象的最佳方法就是"变化"，或者说"反差"。

总是打扮得精致优雅的人，偶尔也会有毛糙的一面，露出俏皮的笑容，会让人感到可爱；成天笑嘻嘻的人，偶尔用严肃认真的表情说话，则会令人心跳加速。越是具备一流能力的人，**越懂得如何通过反差吸引他人的目光**。

各位读者，在日常生活中，你通常看上去是怎样的人？请务必尝试认真地分析自己，为自己塑造能给他人留下深刻印象的反差人设吧！

-Road to Executive-

一流的人制造反差。

☐ 试试通过反差人设，给他人留下深刻的印象！

印在脑海

三流的人毫无特点；二流的人是万能角色；一流的人怎么做？

各位读者，在你眼中，一个人给你留下的最深刻的性格记忆点是什么？突然面对这个问题，想必许多人都会感到惊讶，不过只要稍加思索，就会发现这是一个十分重要的问题。换位思考一下，当你与对方分别之后，你在对方的脑海里留下的最深刻的记忆点会是什么呢？

总是哈哈大笑的搞笑角色？总是能迅速做出反应的反应型选手？擅长引导对话继续的提问者？其中，最难以给人留下深刻印象的，就是"哪里需要往哪里搬"的"万金油"型人物。

让我们用葱来举例。或炒或拌，或炖或煮，"万能葱①"名副其实，能搭配任何料理——可是，它的地位远远比不过"九条葱②"。不必搭配别的料理，光是那甘甜的滋味和脆脆的口感，九条葱就已足够美味，价格也是普通葱的3倍左右。虽说九条葱价格昂贵，可这是由其无出其右的美味决定的。

曾经，我同几位男大姐③一同去了新宿二丁目④的某家店。我向店里的"人气第一"询问了成为人气第一的秘诀，她（他？）回答我说："可简单了，在干杯或者上菜的时候，只要发出'哇——''耶——''哦——'的惊叹就可以了！"我当时在心里嘀咕道："就这？"可是仔细一想，在这些店里，确实常常出现干杯和上菜的情景，在这种时候，如果周围有人发出"哇——""耶——""哦——"的惊叹，那么场面一定就会变得热闹起来。这样就会让周围的人产生是她让场面变得热闹的错觉。

一旦发生了什么事，要比任何人都热情地进行回应，为了让场

---

① 万能葱：类似中国的小葱，青葱的一种。

② 九条葱：是"京野菜"的代表菜，也是日本大葱的代表品种。来自京都的九条地区，一年四季滋味各有不同，以美味闻名。

③ 男大姐：指男扮女装，并且使用女性用语的人。其代表艺人有著名综艺节目《月曜夜未央》的主持人松子。

④ 新宿二丁目：新宿著名的LGBT（女同性恋、男同性恋、双性恋、跨性别）街区。

面热闹起来而拼尽全力，这就是她教给我的"哇耶哦法则"。

"edge"这个词，意为"利刃"。**一流之人一定有其过人之处，就仿佛是闪着寒光的利刃一般。**

我曾经向一位开了100家居酒屋的经营者询问开店的秘诀，而对方立刻回答说："秘诀就是大声打招呼。"下属、朋友、孩子、双亲……不管面对什么人，都要精神十足、充满活力地与对方打招呼。在别人眼里，"说到打招呼就会想到他"便是这个人的过人之处。

当然，有时太过锋芒毕露，也会惹来非议。然而，成功之人向来不会理会这些闲言碎语，只是拼尽全力地挑战自我。**其中自然也会有失败，然而只要不怕困难，再接再厉，不断地磨砺自己，便一定能迎来最终的成功。这就是成功人士的行为模式。**

如果选择成为"样样都会，无一精通"的万金油角色，风险就会小很多，可是却丢掉了能让人印象深刻的记忆点；如果能展现出自己的锋芒，那么也许会招惹非议，却能收获他人热烈的欢迎。各位读者，你会如何取舍？不妨试试发掘自己的优点，打造出一柄任谁也无法超越的"利刃"，各位意下如何？

-Road to Executive-

一流的人展露锋芒，留下独一无二的记忆点。

☐ 试试展露自己的锋芒，让他人留下深刻的印象吧！

善始善终

三流的人草草结束；二流的人表示开心；一流的人怎么做？

在杂谈的最后，人们常常这么说："我的话就到此为止。"不过，仅仅是一句话，未免给人太过草率之感。也有人会再加上一句"今天真是十分开心"，这样也不错，可是一流之人往往会在结束语上再下功夫。

这是因为结束语具有重要的作用。如果途中有失言之处，或是说了什么尴尬的话，那么临别的发言就能起到一转过去坏印象的关键作用。

各位读者，你会说怎样的结束语呢？在进入正题前，先让我们从日常生活中普通的对话说起吧。比如，你打算夸奖一位活泼可爱的后辈，这时你会夸奖对方"你总是这么活泼"呢，还是会说"你跟人打招呼总是活力十足，令人开心"呢？当你和某位经营者一起用餐时，你会对对方说"今天聊得很开心"呢，还是会说"今天听您讲刚创业时候的艰苦经历，我收获了很多，下次还请您再多跟我说一说"呢？

这两个例子中，前者和后者有什么不同？那就是"抽象和具体"。**比起前者那般笼统抽象的说辞，像后者一般具体详细的说明，才能博得对方更多的好感。**

如果能够具体地进行说明，对方一定会认为"他有好好地在听我说话""他不是在敷衍，而是真心想要称赞我"，被他人认可的喜悦油然而生。因此，在结束杂谈的时候，我们不妨挑出某一个具体的点来作为结束语。

比如，谈起旅游的时候，可以说："××，你讲的旅游的事简直太刺激啦！下次再给我说说别的。"如果是抱怨最近感到疲累的话题，可以说："哪怕只有明天一天也好，您早点回家休息休息吧。"

我曾和一位刚毕业一年的新人一起喝茶聊天。在那次聊天里，我们谈天说地，漫无目的地聊了一个多小时，从生活说到工作，内容杂七杂八。可是在谈话过程中，对方却十分认真，一直在做笔记。等到临别时，他对我说："桐生先生，我对您今天提到的关于教育界的内容深感共鸣。下次请您务必再多和我聊聊。"

说来不好意思，我的第一反应是："欸，我们刚才说过这话吗？"（当然是心里想想，并没说出口。）虽说我一时有些摸不着头脑，不过听到这样的话，自然心花怒放。这段对话至今都深深地留在我的脑海中，所以我才把它写在这里。

为了让对方印象深刻，我们需要制造一段具体的小故事。因此，请读者务必试试挑选对话中的某个具体话题作为结束语。说不定，这一句简单的话就能为你结下善缘，为你日后的成功添砖加瓦。

-Road to Executive-

一流的人提出一个具体的话题。

☐ 试试提出具体的话题作为结束语，给对方留下深刻的印象吧！

临别之语

三流的人普通地告别；二流的人留下约定；一流的人怎么做？

同样是第一次见面，有的人会让人迫不及待地期待下一次见面，有的人却让人在心里祈祷永远不要再与之相见，这两种人到底有什么不同？在发表企划、商谈合作的场合或是联谊会上，如果能让别人期待着与我们的下一次见面，那么我们的人际圈无疑会扩大许多。

那么，我们要做些什么，才能让他人对下一次见面产生期待呢？普通的告别肯定是行不通的。这时，我们就要利用"近因效应"（Recency Effect）的知识。

"近因效应"由美国心理学家N.H.安德森提出，简单来说，出场顺序越是靠后，越容易给人留下深刻印象。比如，电影有一个不成文的规矩：结尾的5分钟里一定要有具有冲击性的内容。如果电影最后5分钟的内容十分平淡无趣，那么即使前面十分精彩，也依然只有最后5分钟的内容会在观众的脑海里留下印象，导致观众对电影的整体评价降低。

如果将这一知识运用于人际交往中，便可以看出，**临别时给他人留下怎样的印象，对双方接下来的交往有着重大的影响。**

那么，我们该如何给他人留下深刻的印象以促进下一次会面呢？最好的办法，就是在对方的头脑中制造一片"空白"。也就是说，得留下足以让对方挂心的告别。

比如，如果只是说"下次有机会再见吧"之类的话，显然不能让对方心有牵挂。我们不妨将这句普通的告别修改为："我记得你刚才说过喜欢吃青鱼？我知道新宿有家很有名的店，专门做青鱼，我们下次一起去吃吧！"

这样就在对方的脑海中留下了"有家很有名的、专门做青鱼的店"的空白。如此一来，虽然不知道最后究竟能否去成，但对方在心底某处，已经暗暗地对这家店产生了牵挂。这是因为人的大脑不喜欢空白，总想着要将这片空白填补上。

"这次主办方为大家准备了3个奖品！第一个是价值5000日元的购物券，第二个是迪士尼乐园的双人票，第三个是什么呢？敬请期待吧！"听到这样的话，我们是否就会更加关注第三个奖品呢？

TOKIO①曾主持过一档电视节目，每当要插播广告时，就会弹出"之后，结果竟然是……！"的字幕。这也是一种埋下"空白"的方法，其目的就是引起观众的兴趣。于是，很多观众都惦记着接下来会发生什么，即使插播广告也不换台。

所以，如果想让对方期待着与我们的下一次见面，那么最好的方法就是"在对方的大脑中留下空白"。想要做到这一点，就得在临别时说出能够让对方挂心的话。如果临到告别了才开始想，未免有些困难，**最好在一开始就准备几个足以留下空白的句子**。等熟练之后，即便是即兴发挥也不在话下。

一流之人清楚地知道"缘分"的重要性，因此，我们要从第一次见面开始就注重培育缘分。为了做到这一点，让我们从练习制造与对方再次会面的机会开始吧！

---

① TOKIO：日本男子乐团组合，隶属于杰尼斯事务所。

送别之礼

三流的人轻轻点头;二流的人深深鞠躬;一流的人怎么做?

"明明只差一两秒,真可惜……"

在商谈结束时,常常出现这样的场景:在电梯送别客户时,有些人还没等到电梯门完全关上就抬起了头;更有甚者,直接就转身离开了。本来直到在电梯门完全闭合以前,都应该低头向客户致意,可是有些人偏偏连这一两秒也等不了。这样一来,原本商谈的气氛十分融洽,可最后的这一个小小的举动却给客户留下了不好的印象。

那些在临别之际能好好地向客户告别的企业,更容易收获客户的青睐。

我曾受邀去一家营业额超过1万亿日元的老字号企业做演讲。演讲结束后,负责人一路把我送到玄关处。我向他道谢后,走出了玄关,一直走出好远,到一个拐角处再回头时,发现对方依然笔直地站着,向我低头致意。当时我感慨万分,心想:不愧是营业额如此高的老字号企业,在细节上也下足了功夫。

还有一次，我出差时入住了某家酒店，在大厅里叫了出租车。车开出一段距离后，我回头望向酒店的方向，发现大厅处的迎宾员仍然在低头向我告别。从那以后，我就成了那家酒店的常客。

在上一节里，我提到过"近因效应"，这个理论在这一节也能得到体现：在最后给对方留下好印象十分重要，会让对方心生好感，从而产生想要与其再度会面的念头。

我有一位朋友，他在保险业界享有"世界级销售"的美誉，是一位顶尖的销售员。当他离开的时候，即使客户并不在面前，他也会怀着"今天能与您见面，深表感激"的心情，在玄关处深深地鞠下一躬，再自行离去。

在电梯告别时，要等到电梯门完全闭合再抬起头；送别他人时，要一直等到看不见他人的身影再离开；即使与朋友告别，也要一直挥舞手臂，直到看不见朋友的身影为止。做到这些，只会耗费很少的时间——可正是这很少的时间，却能够给对方留下极佳的印象。

因此，在告别的时候，让我们怀着感谢的心情，再多等一两秒吧！

-Road to Executive-

一流的人低头致意，直到看不见对方为止。

☐ 试试多等一两秒，也许就能给对方留下好印象！

Chapter 7

思想准备

好奇心

三流的人毫无兴趣；二流的人强迫自己；一流的人怎么做？

迄今为止，已有3万名学生在我开办的"动力与沟通"学校里学习过。他们中有许多人都表示"我对别人没有兴趣""跟对方完全聊不起来"……这并非不能理解。

各位读者，在你周围的人之中，真正让你感兴趣的有多少人？比如，如果你工作的部门里有8个人，这8个人之中是否有真正让你感兴趣的人？也许有一个，也许一个也没有。

再比如，当你去参加"5对5"的联谊活动时，其中又有几个人能让你真正产生兴趣？也许有一个，也许一个也没有。"5个人都是我的菜！"这样的情况，几乎是不可能出现的。

事实就是如此。在日常生活中，我们很少能遇见真正吸引我们的人。既然如此，当同那些不感兴趣的人对话时，我们要怎么做才能与对方相谈甚欢呢？这就需要拥有"好奇心"。

比如，即使对钓鱼毫无兴趣，但是当对方聊起钓鱼的话题时，便想着可以通过这次机会拓宽自己的知识面——这无疑是一种满足好奇心的行为。下一次再同别人聊天时，就可以灵活地运用刚学到的关于钓鱼的知识，扩大自己的"话题素材库"了。

这并非强求我们对不感兴趣的事物提起兴趣，而是希望我们能保持一颗始终向往探索未知的好奇心。如此一来，即便面对不感兴趣的事物，我们也可以像记者取材一般，抱着"我正在为获得新知识而做采访"的心态，兴致勃勃地向对方提问："你喜欢钓鱼吗？我从来没钓过。能否请教一下，你觉得钓鱼的乐趣在什么地方？现在流行钓哪种鱼？黑鲈鱼之类的吗？我听说钓鱼还要准备好几种不同的鱼钩，真的是这样吗？"

某位知名演说家曾指点过我："听别人说话时，请抱着'我也要成为这一行的专家'的心态静静聆听。"

比如，在和橄榄球爱好者聊天时，就要想着尽量多吸收对方的知识，争取自己以后也能和别人就橄榄球侃侃而谈。抱着这样的心态，仿佛记者采访一般同对方聊下去，最好也学习记者手里拿着纸笔做记录。如此一来，对方就会感到心满意足，十分乐意与你进行深入交流。

"自知无知"是哲学家苏格拉底的思想之一，他曾说："我唯一知道的就是我一无所知。这是指引我走向更好生活的指针。"

在推动对话进行的同时，好奇心也能成为我们提升自我、扩宽眼界的行动开关。

关于自信

三流的人毫无自信；二流的人自我暗示；一流的人怎样增强自信？

许多人都说"我不擅长与他人聊天""同初次见面的人在一起我就紧张"……这些实际上就是没有自信的表现。

为了增强自信，人们常常使用"心理暗示法"。所谓的心理暗示，就是在心里给自己打气，鼓励自己。具体来说，就是不停地告诉自己："相信自己！""我能做到！"

这的确是一种行之有效的方法。可是，对于那些自我感觉差劲的人来说，这种单纯的鼓励往往缺乏说服力，即使勉强尝试，最终也只能自暴自弃，回到原地。

那么，我们究竟应该怎么做？

其实，在与那些自称缺乏自信的人交流时，我发现他们中的许多人并非"完全没有自信"。事实上，他们也有自信满满地与别人侃侃而谈的时候。比如聊到自己的兴趣爱好时——喜欢的偶像、模型玩具、电影导演、照相机、甜点等，他们往往就能双眼发光地说个不停。此外，和好友或家人一起聊天时，也几乎没人会因为紧张而无法开口。这就表明，"没有自信"并不纯粹是能力上的问题。

既然如此，问题到底出在何处？这就跟"预判性"有关了。

在谈及自己十分熟悉、能够预判其走向的话题时，人们大都能说会道。这就是为什么在谈及偶像相关的话题时——这一类爱好有时能持续数十年之久——粉丝总能说得头头是道。对于那些自己能够把握其走向的话题，人们总能拥有满满的自信。

可是，如果突然被要求"请就美索不达米亚文明发表30分钟的演讲"，人们往往会惊慌失措、结结巴巴，因为大多数人都对美索不达米亚文明一无所知，对他们而言，这是一个无法预判的话题。

让我们把话题转回杂谈。杂谈具有极强的临场发挥性，在杂谈真正开始前，没人知道它究竟会如何发展。不过，如果我们发挥想象力，那么实际上是可以对杂谈的走向进行大致的预判的。

正如本书前文所述，只要我们能够反复练习如何开启一场对话、如何推动对话进行、如何与他人进行愉快的沟通与交流、如何给他人留下良好的印象，并通过实践积累经验，就能够做到对杂谈的内容进行大致的预判，自然也就能昂首挺胸、充满自信地与他人对话了。

因此，请各位读者务必熟练掌握本书中的内容，并大胆进行活用。

人类所具有的最强大的能力便是想象力。想象力具有无限的可能性，不管AI技术如何发展进步，也望尘莫及。想象是自由的，而我们想象中的世界越是鲜明具体，其实现的可能性也就越高。

各位读者，让我们展开想象的翅膀，试着在杂谈中运用强大的想象力，预判杂谈的走向，用充满期待和自信的身姿与他人开展对话吧！

-Road to Executive-

一流的人通过想象力增强自信。

☐ 请试试在事前预判对话的内容吧！

自我投资

三流的人不学无术；二流的人学习知识；一流的人怎么做？

出于职业的缘故，我经常有机会与各式各样的经营者打交道。算上个体户的话，我至今已经与1000多位经营者有过交往了。

每当我与他们见面时，一定会问一个问题，那就是："各位，最近在学习什么东西吗？"对于这个问题，出现次数最多的回答是：在学习如何说话。

各位读者，看到这里，你是否会感到奇怪？我们不是每天都在说话吗？有必要特地去学习吗？事实上，对一流之人来说，的确有这个必要。

我们每天都要说无数的话，与不同的人沟通交流。一流之人会对这些日常"说话"十分上心。在美国，销售员接受话语和声音方面的培训被视作理所应当的。

一流之人所学习的，就是这些看似普通的技能，比如呼吸。在一般人看来，呼吸是人们天生就会的本领，哪里需要学习呢？然而事实上，呼吸的方法、时间和节奏等的不同，对人有着极大的影响。因此，许多一流之人都会专门学习有关呼吸和冥想的课程。

走路也是如此。走路不需要经过专业培训，人人都会。然而，只要稍稍地改变走路的方式，就能改变所消耗的能量，对减肥有着显著的效果。

通过这些例子，我想要说明的是，**能够做出成果的人往往会对那些"看似普通，却具有极高价值的项目"进行投资**。

杂谈也是如此。杂谈看似只是日常生活中普通的聊天，但是从最开始的问候、抛出话题的方法、扩充内容的方法到听别人说话的方法和自身的反应能力，这些都可以通过系统的学习带来翻天覆地的变化。

而提升杂谈能力并不一定要进行专门的培训，也可以在日常生活中进行学习，比如看电视。明石家秋刀鱼在节目中常常使用"欸，原来如此""然后呢""接下来发生了什么"之类的话语来调动节目气氛；塔摩利[1]在节目中也展现出了极高的杂谈水平，可见综艺节目的主持人往往有两把刷子。

我每天早上都会听一档名叫《早上好小寺活动中！》的广播节

---

[1] 塔摩利：日本演员、歌手、主持人、搞笑艺人、作词人、作曲家、实业家。曾主持综艺节目《笑笑也无妨！》《深夜塔摩利》等。

目，主持人寺岛尚正①常会在节目中附和说"欸"——这看似简单，但他却能根据不同的场合转换三种不同的模式。受邀参加节目的嘉宾来自政治、经济、时事等不同的领域，而他不管面对怎样的嘉宾都能将气氛炒得火热，节目也因此具有极高的人气。

一流之人毫无疑问是沟通交流方面的佼佼者，**他们总是在下功夫研究"如何对话才能让对方敞开心扉""对方的追求是什么""我到底怎么做才能让对方开心"。**

也许通过大量的学习积攒知识也十分重要，可是就根本而言，最重要的是学习"具有价值的事物"。请各位读者结合自己的经历，试着去研究那些"看似普通，却具有极高价值"的事物吧！

-Road to Executive-

一流的人从看似普通的日常中钻研学习。

☐ 试试从那些普通的日常中发掘出价值吧！

成功的秘诀

三流的人信奉与生俱来；二流的人坚守个人意志；一流的人怎么看？

"不知为何，第一次见面就对他敞开心扉了。""和他说话总

① 寺岛尚正：广播节目主持人。《早上好小寺活动中！》是日本文化放送广播电台的一档晨间节目。

是很开心。""迫不及待地期待与他的下一次见面。"……许多成功人士都是沟通交流方面的行家，他们身上有些什么共通点？让我们先来听听他们自己是怎么说的。

谈及成功的秘诀，不同的人有着不同的关键词：坚定的目标、坚忍不拔的意志力、崇高的志向、远大的梦想、丰富的经验、无数次的挑战……而在这当中，有一个因素是不可或缺的。说来也许会令人感到意外，那就是——运气。

虽说努力和天赋也很重要，但在成功人士的自传里，你总能发现"偶然""运气""交了好运"之类的词句。

譬如，松下幸之助①在面试时，就很喜欢问面试者："你的运气如何？"2021年的大河剧②《势冲青天》讲述的是涩泽荣一③的故事，而涩泽荣一有一句关于运气的名言："好人有好运。"萩本钦一④所著的《跌入谷底时，好运在累积》也成了畅销书……

所谓的好运，是依靠个人的意志和努力无法获得的、某种奇妙的良缘——它可以把你"运"到那些单纯依靠你的能力无法到达的境界中去。

在我认识的经营者中，许多人都有被好运眷顾的经历。有人曾经得了癌症，后来奇迹般康复了；有人遭遇了重大事故，九死一生

---

① 松下幸之助：日本著名公司"松下"的创始人，实业家、发明家，被人称为"经营之神"。创立了"终身雇佣制""年功序列"等管理制度。

② 大河剧：日本NHK电视台自1963年起每年制作一档的连续剧的系列名称，属于较严谨的长篇历史电视连续剧，主要是以历史人物或是一个时代为主题。

③ 涩泽荣一：日本江户时代末期到大正时代的大实业家，被誉为"日本企业之父""日本金融之王""日本资本主义之父""日本近代实业界之父""日本近代经济的领路人"。

④ 萩本钦一：著名主持人、喜剧演员，主要作品有《阿钦影匣4：心跳篇》《超级变变变》。

捡回一条命……

并非只有从癌症或事故等不幸中生还的人才有好运。男性每次射精通常包含1～3亿颗精子，而其中只有一颗能成功地与卵子结合。我们每一个人都是这数亿颗精子中唯一的奇迹，因此可以说，活在这世上的每一个人都是幸运儿。

能够降生到世界上，能够在世界上活下去，这件事本身就称得上幸运。明石家秋刀鱼的女儿艺名IAMLU，据说就是取的"活着就是赚翻"这句话的日语缩写。明白这一点的人，不论是人脉、财富还是好运，想必都会向他滚滚涌来吧。

杂谈是人际交往中的重要途径。比起那些整天都在哀叹"我真倒霉"的人，人们更乐意同那些"幸运儿"交往。因此，请各位务必认识到"我降临到这个世界上，这件事本身就是最大的幸运"，从心底对万物怀抱着感恩之心。如此一来，你的人生之路一定会变得更加宽阔和明亮。

-Road to Executive-

一流的人感恩时运。

☐ 试试对自己说：我降临到这个世界上，这就是最大的奇迹吧！

关于热情

三流的人"不可燃";二流的人"可燃";一流的人是怎样的人?

这个世界上存在着两种人:一种让人感到亲近,一种让人感到疏远。让人感到亲近的人,身上一定充满着温暖的能量吧?想必没人会愿意在阴暗低沉的气氛里聊天。

我在序章部分曾写过,所谓杂谈,"杂"的意思是漫无边际、无拘无束,而"谈"字是"言"与"炎"的组合,"谈话"便意味着点燃关系性——合在一起,就是通过漫无边际、无拘无束地聊天,让场面变得热闹起来。因此,比起如潮湿的火柴一般的人,我们要成为的是如燃烧的烈焰一般能够释放温暖与热情的人。

稻盛和夫于27岁创办京都陶瓷株式会社①,52岁创办DDI公司②,在2010年让日航大幅扭亏为盈,创造了日航历史上空前的利润。他常把一个词挂在嘴边——"自燃"。他曾说过:"世界上有三种人:一种是完全'不可燃'的人,一种是能够被他人影响而'燃烧'的人,一种是能够持续不断地'自燃'的人,我们大约就是第三种人吧。"

所谓"自燃",到底有着何种含义?

"问题意识"是成功者所必备的能力之一,而越是那些拥有澎湃能量的人,越是有着强烈的问题意识。

稻盛和夫再建日航的时候曾说过:"这样下去不仅是航空

---

① 京都陶瓷株式会社:最初为一家技术陶瓷生产厂商,现名京瓷株式会社。技术陶瓷是指一系列具备独特物理、化学和电子性能的先进材料。
② DDI公司:现名KDDI,仅次于NTT(日本电信电话株式会社)的日本第二大通信公司。

业，日本经济也只会越来越糟糕，因此我们必须想办法对其进行重建。"这就是他所抱有的强烈的问题意识。

问题意识，指的是能够敏锐地注意到现实和未来的差异，并发现其中的问题的能力。越是具有问题意识的人，越是会抱有强烈的"我必须做点什么！"的责任感。这种熊熊燃烧的责任感让他如火炉一般温暖明亮，吸引着人们聚集在他身边。

杂谈也是如此。认为杂谈不过是随便说说话、没什么必要上心的人，和认为杂谈十分重要、通过杂谈能够与周围的人建立良好人际关系、抱有强烈问题意识的人，到底哪一种人的杂谈更具有热情与活力呢？答案不言而喻。

正在阅读本书的各位读者，想必也是抱有强烈的问题意识，希望能更好地打磨自己的杂谈技巧的人。**如果各位能努力地钻研杂谈，将其中的技巧运用于日常生活的对话中，并持续不断地思考如何说话才能更令对方愉悦舒适，那么各位的对话就一定会充满热情**。而这样的热情便能吸引人们聚集到你的身边。

各位读者，在阅读完本书之后，请一定多多磨炼自己的杂谈技能，通过实践来增进与他人的缘分。也许你一句不经意的话，就能改变某个人的未来。

-Road to Executive-

一流的人"自燃"。

☐ 积极地提升自己的杂谈能力，与周围的人建立良好的关系吧！

本篇小结

　　超高速通信的5G时代已经到来了。在不久的将来，世界会变得越来越智能、方便、快捷：马路上奔跑着无人驾驶汽车、无人机将货物送入千家万户、实体的购物小票消失得无影无踪……

　　未来，当电视机的功能全部由智能手机承担后，也许家人们其乐融融地围坐在桌前看电视的场景将不复存在；物联网进一步发展，当食材能够从冰箱中被自动取出时，也许孩子跑来跑去为做饭的家长打下手的场景也将不复存在；我们和朋友的聊天，也许都将在线上进行……

　　在这高速发展的方便快捷的世界中，"现实中的交流"的确正在骤减。所谓"现实中的交流"，指的是人们在现实世界中实际地接触彼此，实际地进行对话，传递话语与情感的交流。

　　我并不认为线上交流是一件坏事。恰巧相反，我认为它是科技发展所带来的优秀成果之一。问题在于，现实中的交流并未伴随着时代发展而进化。

　　当改进汽车性能的时候，厂商会同时优化汽车的油门和刹车，我认为现实中的交流也应如此。它应当同线上交流一样迈向更高的发展阶段，如此才能进一步促进人际关系、思想以及文化的碰撞与交流。

环顾如今日本教育业的发展，我们便会发现，教育人们学习现实中的交流的场所无疑十分稀少，力量也十分薄弱，这就是我创办教授沟通技巧的学校的原因。虽说如今我们的事业才刚刚起步，但本校的沟通训练已经辐射全国。

我该如何提升自己的沟通能力？"杂谈"，这就是本书的要讨论的核心问题。

杂谈是一种不论何时、不论何地、不论对象的"现实的交流"。即使没有要事相谈，事先没有想好说什么，也可以从一句"最近过得怎么样"开始，与对方进行交流。而在杂谈中，最重要的一点便是氛围。一场舒适的杂谈，能够让人感到身心愉快、兴致高昂、充满活力。这就是杂谈的力量。

当今的时代，人工智能越是发展，人类所具有的情感就越是可贵。我希望各位通过阅读本书，活用在书中学到的技能，提升交流能力，构筑更坚实的人际关系，能够和他人进行心灵与心灵的美好交流。

桐生稔

下篇

表达逻辑

序章

曾经的我，与他人沟通时仿佛小学生

以前，当上司询问我"为什么"的时候，我总是回答"不为什么"；询问我"生意谈得怎么样了"的时候，我的回答往往是"还可以吧"。为此，我常常遭到上司斥责。开会的时候，我也总是组织不好语言，甚至被人不耐烦地打断"你到底想说些什么"。有时因为产品介绍得太过糟糕，合作商谈开始不过5分钟，客户就说："让我们再考虑一下。"

我曾经就是这样地不会沟通，甚至还因此有过被降职的经历。

不过，我非常幸运，在我的身边，有着全国一流的上司和同事。我就职于一家有2000名员工的上市公司，即使在这群优秀的人之中，他们也是佼佼者。他们的思维十分敏捷，只需几十秒的时间就能想出合适的说辞，滔滔不绝地展开话题，并且总是能成功地引起别人的兴趣，使对方情不自禁地频频点头，简直如同施了魔法一般。

我向这群优秀的人学习说话做事的方法，不知不觉间，也迈入了全国一流的行列。此外，我还管理着一个有350名成员的团队。现在，我经营着一家商业学校，专门向学生传授"沟通的秘诀"，业务范围辐射全国。

本书旨在让读者获得一流的沟通能力

不论在哪一个领域，都有着一群足以被称为一流的人，商业领域自然也是如此。

迄今为止，我举办过1万次主题为"沟通的秘诀"的研讨会，认识了许多形形色色的商业人士。在研讨会或是研修会期间，我发现，差不多100个人中就会有1个沟通能力格外优秀的人。

"让我们从结论说起吧。"

"让我们来看一看具体的根据吧。"

"让我们总结出3个要点吧。"

他们可不仅仅会说这种程度的话，而是具有远超其上的沟通本领。因此，本书将借助"一流的人会说什么，二流的人会说什么，三流的人会说什么"的形式，以具体的话语为例，为读者介绍一流的人所采用的沟通方法。

如此一来，不论是谁都可以简单地学会具体的应对话术，掌握一流的沟通技巧。通过本书，各位一定会有轻松愉快的学习体验。在提升沟通能力之后，读者与他人交流的能力也会得到显著提高——不会被周围的环境影响，能够好好地传达出自己真正想表达的内容。最重要的是，在工作中也能收获佳绩。

不知该如何沟通、如何表达自我，面对他人的诘问，总是结结巴巴的朋友，不必焦虑，只要学习本书内容并加以运用，就一定能够掌握说话的技巧，甚至可以向他人传授经验。

各位读者，就连曾经不会说话、业绩惨淡的我，如今也开办了学校，向他人传授沟通的秘诀呢！要知道，"沟通"这一本领与天分或努力毫无关系，需要的只是"如何让沟通更为顺畅"的技巧。

在经历1万次"沟通的秘诀"研讨会之后，我将所有的方法都凝聚在了本书之中，它一定能成为提高沟通能力的指南。请读者们通过阅读本书，好好品味沟通所具有的力量！

事不宜迟，让我们立刻开始吧。

桐生稔

Chapter 8

如何易于理解

整理话语

三流的人随心所欲；二流的人完全穷尽；一流的人怎么做？

各位读者，请问你是否知道"MECE"这个词？"MECE"全称为"Mutually Exclusive Collectively Exhaustive"，意思是"相互独立，完全穷尽"，这个词在逻辑学中经常会用到。

相互独立的含义就是没有遗漏、没有重复。比如，我们打算对全日本47个都道府县进行市场调查，在实际进行时却只调查了45个县，这样就遗漏了2个县；当我们划分年龄段进行调查时，划分出了10代①、20代、30代、40代和青年层。如此一来，青年层就和其他的年龄段有重叠的部分，这就是重复。

如果数据中出现了遗漏或重复，就缺乏说服力，容易被质疑："这种数据真的可靠吗？"因此，当我们向他人进行说明时，就得注意不能遗漏、不能重复。然而，"没有遗漏、没有重复地整理"

---

① 10代：日本的10代指10岁至19岁的人口，20代指20岁至29岁的人口，以此类推。

和"没有遗漏、没有重复地进行说明"之间，可是大有区别。

例如，在面试的自我介绍环节，如果面试者对面试官说："接下来我将没有遗漏、没有重复，详细地向您介绍我自己。请问可以给我15分钟的时间吗？"那么毫无疑问，这次面试他一定会惨败而归。

又比方说，当客人在餐馆用餐，询问侍者是否有推荐的酒时，侍者却滔滔不绝地把店里所有的酒都介绍了一遍，客人也一定会心下暗自嘀咕："倒也不必说得这么详细。"

看到这儿，也许会有读者心想："不会有这种人吧！"然而事实上，在实际的工作中，详详细细、从头到尾进行解释和说明的大有人在。所以最重要的是，在对事物进行"没有遗漏、没有重复"地整理的基础上，"大胆地删减"。

譬如，当我们在对未来的工作计划进行说明时，一般人都会说："我们下期的工作预算是××元。"像这种直接写在资料上的内容，只要看看资料就能明白，不必赘述。大家更想听的是"如何才能实现这一点"。因此，就得在说明中强调最重要的部分："有关未来的工作计划，我们将围绕具体的实施措施，列出如下要点进行说明。"

在发表研究成果的时候，也要将重点放在真正想传达的内容上："通过这次研究，我们有了怎样的收获，它将如何改变本公司的未来？接下来，我将对本次研究进行明确的说明。"

在"没有遗漏、没有重复"的基础上，专注重点，这才是一流的说明方法。

倘若不知该对哪些部分进行"大胆删减"，那么请在事前问问自己："如果我只有10秒的说明时间，该说什么？""如果我只有1行的说明空间，该写什么？"在这10秒的时间、1行的空间里想传达的内容，就是我们表达的重点。

在演讲中，没有哪一个演讲者会说："今天我将为大家讲述我从0岁到50岁的人生经历。"——事实上，他们通常都会有一个无论如何也要传递给听众的、唯一的演讲主题。唯有大胆地删繁就简，才能给听众留下深刻的印象。

-Road to Executive-

一流的人没有遗漏、没有重复、大胆删减。

☐ 请务必给自己删繁就简的勇气！

对那些不了解内容的人

三流的人含含糊糊地说；二流的人详细复杂地说；一流的人怎么说？

"数字货币是什么？"

若是别人冷不丁如此提问，我们多半会一时不知如何回答吧。虽说对这个词并不陌生，但若要开口释义，也难免犯愁。"数字货币是一种财产价值，可以与不特定的人交换，以购买商品或获得服务，并可以使用电子数据处理系统进行转移。"即使像这样一板一眼地说明，对方也很难记住。

实际上，**当面对那些不了解内容的人进行说明时，一流的人最常使用的技巧便是"对比"**——不是对事物进行详细复杂的说明，而是将其与别的东西做对比。

让我们将数字货币与法定货币对比看看（见表8-1）。

表8-1

项目	法定货币	数字货币
名称	日元、美元	比特币、以太币
是否有实体	具有实体	通过互联网流通、没有实体
携带性	需要随身携带	不必随身携带
使用范围	发行国国内使用	只能在支持该币种的商店里使用
使用方法	直接使用	需要将法定货币换成数字货币后使用

虽然还有许多别的可说之处，不过对于不了解的人而言，大致说到这种程度就足够了。

再举一个简单的例子。"这种营养食品可以提供20克的食物纤维"，如果只是这么说，恐怕很难给人留下深刻的印象。那么，不妨将其与红薯做一个对比："一个红薯可以提供5克的食物纤维，而这种营养食品，只要一份就能提供20克的食物纤维。"

在教育孩子的时候，人们常常说："不要剩饭，全部吃干净！"然而，孩子们往往左耳进右耳出，这时，就得采用对比的方法："世界上每10个人中就有1个人因为吃不饱饭而营养不良。能吃得饱饱的，是一件多么幸运的事呀！"

在对商品进行说明时，我们也常会将商品的"before→after"做对比。

"过去的App能承载的用户上限是10万人。而我们新开发的这个App，能承载高达100万的用户。"像这样对商品做出"10万人→100万人"的清晰对比，即便是之前对此不了解的人，也能很快建立初步的印象。

因此，当对方对事物一知半解时，可千万别想着"我得具体详细地进行说明"。不妨将要说明的内容做一个对比，对方立马便能对此有一个初步的了解。

面对自己不了解的事物，人们往往会谨慎起见，按兵不动。这就和走夜路是一样的道理，正因为不知前方会出现什么，所以人们才会感到不安。相反，若是面对自己了解的事物，人们就会展开行动。如何让人对事物从不了解到了解，能够实现这一点的秘诀便是"对比"。

-Road to Executive-

一流的人使用对比进行说明。

☐ **试试使用对比的方法进行说明吧！**

对没有相关知识储备的人

三流的人说不明白；二流的人仔细说明；一流的人怎么说明？

有一种说明方法与对比完全相反，那就是"类比"。"类比"是指用相似的事物去进行比较。与对比相同的是，类比也是一种简单易懂的说明方法。

各位读者，大家都听过"打赏"这个词，它指的是人们在观看直播或者视频时，在线上向主播或创作者提供数额不等的"小费"，以表达对视频内容喜爱的一种行为。

当我们对那些不具备相关知识储备的人说明时，如果絮絮叨叨地从头说起，比如，"这个打赏，首先你得下一个App，然后注册账号，绑定银行卡……"，那么一定会让对方感到不耐烦。因此，我们可以这样说："它其实就跟以前那种卖艺后，围观群众自发地给赏钱的性质差不多。"

这样一来，即使此前对"打赏"并不了解的人，也能很快理解。

说得再通俗一点，类比就是"打比方"。有名的演说家或是一些社交平台的人气博主都常常使用打比方的方法进行说明。如果你留心观察那些高人气主播的频道，一定会为话语中使用打比方的次数之多而惊叹不已。

当我们使用类比进行说明时，有一个小小的诀窍，那就是使用"就好像……"这一关键句。

举个例子。当我们对不了解"云计算系统"的人说明何为"云计算系统"时，在进行具体的说明之前，可以先用类似的事物打比方："所谓云计算系统，就好像一个不论是谁都可以随时打开的'壁橱'。"

类比就是约等于，可以用"$A \approx B$"的公式来表示。当我们想要说明A事物时，可以使用类似的B事物来辅助说明。

再举个例子好了。若我们直接询问对方"你知道阿塞拜疆的巴库吗？"恐怕大多数人都只会摇头。阿塞拜疆是一个名不见经传的小国，其首都巴库历史悠久、文化底蕴丰厚，建造于15世纪的宫殿与现代化的高楼大厦在此地和谐地并肩而立。

我们便可以使用公式："阿塞拜疆的巴库"≈"京都的历史文化底蕴＋东京的发达"。

"阿塞拜疆的巴库，就好像是一座融合了京都的历史气息和东京的现代化发展的城市。"

用这种方法进行说明的话，即使是对阿塞拜疆一无所知的人，也能很快地理解巴库的风貌。

人类倾向于喜爱那些更易于理解的事物，这被称作"**认知舒适**"。认知舒适，指的是人们更容易对于难度低、易于理解的事物持有好感，因为不必花费过多的脑力去进行分析和思考，可以减少大脑的负担。反之，如果事物过于复杂，就会给予大脑更多的压力。

在进行说明时，我们要无微不至，甚至要为对方的大脑着想。这才是一流之人的做法。

-Road to Executive-

一流的人使用类比进行说明。

☐ 试试使用关键句和"A≈B"的公式进行说明吧！

传递信息的方式

三流的人不会整理；二流的人传递片面；一流的人怎么做？

学生时代，数学这一科目令我极为头疼。长大以后，我才发现数学在工作生活的各个方面都能起到很大作用，尤其是在进行说明时，我们高中学到的有关"象限"的知识就能派上大用场了。

象限，简单来说就是"分成4块"。在数学中，我们经常能见到被x轴和y轴划分为4个区域的图，我们可以借助类似的图进行说明。比如，在说明"运动量越多的学生，在考试中获得的分数也越高"的时候，如果只是动动嘴，也许会有人不理解，因此，我们可以构筑如图8-1所示的坐标系，让说明变得更加直观。

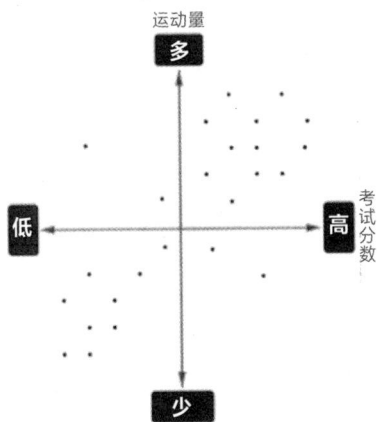

图8-1

比起只给出一个结论（第一象限），直接使用坐标系（四个象限）进行说明，可以让对方更容易理解。

在我们用四个象限的方法进行说明时，需要完成两个步骤：①画出横轴和纵轴；②分别在横轴和纵轴的两头标出两组对立的要素。

比如，当公司研究新分店的选址时，我们可以拿出如下的示意图（见图8-2）。图8-2是根据对竞争对手公司的店铺进行调查而绘制的。根据此图，能够一目了然地得出结论：并非离车站越近，客流量就越大。因此，我们便可以进行说明："由此图可知，可以在距离车站较远、地价更为便宜的地段开店。即便如此，我们也具有十足的胜算。"

当研发新产品时，可以在横轴和纵轴上设置"供给和价格""成本和质量""稀有度和价格"等要素。如果对工作的优先度犹豫不决，便可以设置"紧急性和重要度"两个要素，方便直观地查看——在管理学大师史蒂芬·柯维的著作《高效能人士的七个习惯》中，这个方法极为出名。

如果我们只看到一个象限，视野不免过于窄小；而如果使用四个象限，便能更清楚地看见不同事物之间的异同点，也能使想要进行说明的关键点更为凸显，让说明变得更直观、清晰、易懂。

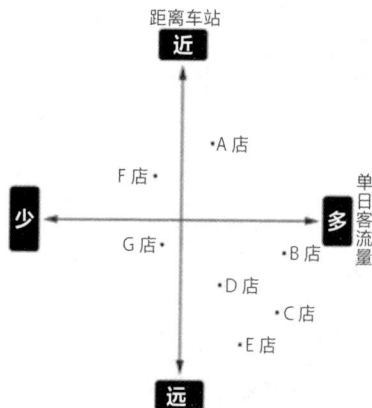

图8-2

在整理信息进行说明时，一流之人会使用更全面客观的方式。

详略得当

三流的人说明得太过粗略、不知所云；二流的人说明得太过细致、冗长；一流的人怎么说明？

各位读者，你是否遇见过这种情况："明明我讲得那么清楚，结果对方做的跟我说的完全不一样。"

比如，千叮咛万嘱咐要把字体弄大一些，结果字体却还是小小的；又如，拜托对方把企划方案做得比平时更厚实，收到的却还是只有薄薄的一本……毕竟，口头的说明和对方的理解总会出现这样那样的偏差。

如果想要对方做得同预期的一模一样，就得进行细致入微的说明，比如："请将PPT的页面大小设置为高19.5厘米、宽25.4厘米，页数控制在25页至30页，留白设置为左侧2厘米……"不过，要是每次都得啰唆地说上一大堆，想来也令人头疼。

如果说明得太过粗略，就会令人不知所云；太过细致，又显得冗长多余。我们该如何把握这之间的"度"呢？如果用一个词来回答，就是"共通体验"。

比如，若是别人突然和你说"云营销"之类的事情，你一定无法一下子反应过来吧？如果是我，就反应不过来。不过，若是平时经常在工作中接触"云平台"或是"云众筹"等词语的人，一定就能立刻理解这个词的含义。

有一次，当我提到"字体有点小"的时候，曾经共事过的人一下子就能明白我在说些什么，而没有共事过的人则丈二和尚摸不着头脑。有趣的是，这并非取决于我们是否同在一个公司或者同在某一个业界，**而取决于我们是否有过"共通体验"。**

想想看，即使同在一个公司，刚工作的新人也总是手忙脚乱，需要我们处处提点。共同工作一段时间，积累了工作经验，共通体验增加后，需要我们说明的地方就越来越少了。反之，即使不在同一个业界，在人才派遣公司工作的人在劳务上总有共同话题，卖保险的人聊起投资也能话语投机。

因此，是大致地说明就好，还是需要详细地解释？到底该如何把握说明的"度"呢？这是由对方和我们之间的共通体验决定的。

"为什么说到这个份儿上你还不懂？""说到什么就会想到什么，这不是理所应当的嘛！"如果你在心里这么抱怨，那就是你只顾着说自己的"个人体验"的证明。要知道，你认为理所应当的事，对对方来说，可能并不理所应当。

反过来说，如果你啰啰唆唆地说上一大堆对方早就明白的事，也许对方就会在心里想"这些事我早就知道了""好烦啊，能不能赶紧说完"之类的话。这就是没有把握住对方的体验的证明。

当两人一组玩投球游戏时，我们会根据不同的对象而调整投球的力度。投给经常练习投球的高中生，和投给完全没有训练经验的新手，力度肯定是不一样的。说明也是如此。如果不能把握好对方的接受程度，而一味地投出力度过大的球，那么对方接不到球，也是情理之中的事。

由此可见，在进行说明前，我们必须好好地把握对方的接受程度。为此，最好的方法就是抱着好奇心去了解对方，或是进行具体的询问。从中提取出我们和对方的共通体验，并据此不断调整自己的说明。

一流之人的说明，便是如此这般根据不同的说明对象而不断进行调整的。当我们要同他人说明时，不妨也学习一二，先了解一下对方和我们究竟具有何种程度的共通体验。

-Road to Executive-

一流的人根据不同的共通体验调整说明。

☐ 试试把握住对方的接受程度吧！

使用数字

三流的人使用模糊的数字；二流的人使用具体的数字；一流的人怎么做？

各位读者，你对数字是否敏感呢？也许有很多读者不擅长使用数字，不瞒大家说，我也是其中的一员。然而，在说明时使用数字能增强说服力，这是一个不争的事实。

比起"客人对我们的评价很高"，"调查结果显示，82.5%的客人给出了'非常好'的评价"显然更具说服力。在说明中使用"面积有5个东京巨蛋①那么大""我想市场占有率能够达到10%吧"之类的数据，能让你看起来更加聪明可靠。

正因如此，许多书籍里都强调，要学会使用数字，但这不过是老生常谈。**一流之人所使用的方法在这一基础上更上一层楼，那就是"使用两个数字"。**

比如："这次实验中总计发生了3次错误，占全体的2%，我认为在可接受的范围内。请您签字。"

有了全体的"2%"之后，便可以从一开始就判断出"3"这个数字到底是多还是少。

"本期销售额的获得率是102%，但是只有去年同期的98%，原因在于……"

比起绝对的销售额，经营者更注重与同期相比，销售额是否有所增长，因此，我们需要使用今年和去年同期的两个数字进行对比。

当使用数字进行说明时，我们可以添加一个"参考基准"的数字。如此一来，说明就能够提高一个档次，变得更简单易懂。

也许会有人说："我本来就不擅长使用数字，更别说使用两个了……"然而我们必须去试着学习和习惯——在说明中，数字有着无与伦比的表现力。

① 东京巨蛋：一座有55000个座位的体育馆，位于日本东京文京区，占地面积47000平方米。

譬如，如果新闻中播报说："本次舆论调查的结果显示，65%的受访者表示反对。"那么，这次调查的基准数字是什么？没错，就是受访者的数量。受访者是100人吗？还是1万人？根据受访者的人数，调查结果的可信度也会产生变化。

在食品包装上，我们常常能看见用数字标注的营养成分表。比如，便利店的某件商品上写有"凉红薯每100克含160卡路里"的字样。乍一看似乎卡路里不高，但仔细一想就会发现，这件商品有160克的重量，计算可知，它实际上含有256卡路里，是饭团的1.3倍。

由此可见，在一个单独数字的基础上，再增加一个数字，就能得出更准确的判断结果。如果我们持续不断地使用这一方法，就会发现日常生活中随处可见各式各样的数字。

总结一下本节学到的内容：在使用数字进行说明时，额外再使用一个作为其"参考基准"的数字，以两个数字为一组进行说明。若我们能把这一方法融入日常交流中，就会发现自己的说明能力更上一层楼了。

-Road to Executive-

一流的人使用两个数字进行说明。

☐ 试试在一个数字的基础上，额外再使用一个作为"参考基准"的数字吧！

总结陈词

三流的人具体详细；二流的人东拉西扯；一流的人怎么做？

常有人同我抱怨说："我完全不擅长总结，这可如何是好？"

其实曾经，我也同大家一样。当别人问起"总结一下，这个企划的重点在哪里？"时，我常常摆开架势，准备详细具体地好好同对方说一说，却往往会被对方不耐烦地打断："所以重点到底在哪里？"

为什么我明明打算详细地说明一番，对方却会生气？一开始，我并不明白。渐渐地，等我知道了"总结一下"的隐藏含义时，我才恍然大悟——当人们说"总结一下"时，希望得到的是一个与"具体详细"完全相反的回答。

让我来解释一下。譬如，如果把"我喜欢吃铜锣烧、大福、羊羹①、巧克力……"这句话总结一下，就是"我喜欢吃甜食"。又如，如果把"我喜欢打棒球、踢足球、打网球、跑步……"这句话总结一下，就是"我喜欢运动"。

大家看明白了吗？实际上，"总结一下"就是指"抽象化"。

当被要求做总结时，一流之人能以极快的速度完成对事物的抽象化。这并不困难，一共只有两个步骤：①将具体的要素罗列出来；②找到它们之间的共同点。

比如，在给商品命名时，就需要罗列出商品所含的具体要素，找到其中的共同点，然后用简单的词进行总结。来看看具体的例子吧！

---

① 羊羹：用番薯、栗子、红豆等材料制成的甜食。

假设这里摆着一块蜂蜜蛋糕，现在我们要为它命名。第一步，罗列出具体的要素。这块蛋糕可不简单，它所具备的要素有"使用国产蜂蜜，滋味浓郁""需要花费整整1小时才能制作出1个""每天只限量贩卖8个""每个售价1万日元"。第二步，找出共同点。从材料、制作到价格，每一方面都是顶尖水准。既然如此，不妨为它取名为"蜂蜜蛋糕之王"。

回到最初的话题。当被问到"总结一下，这个企划的重点在哪里？"时，我们也可以采用这种方法：①罗列出具体的要素：业界首次、打入小众市场、独立研发；②找出共同点：首次尝试。

如此一来，就可以得到抽象化的总结：这次企划是向前人未曾踏足的领域发起的一次挑战。

如果突然被要求做总结，难免手忙脚乱、磕磕巴巴。这时，我们只要静下心来，按照步骤梳理出具体要素，再找出共同点，就能做好总结。在熟练掌握这两个步骤之后，总结的速度就会加快；如果完全掌握了这一方法，我们便能非常自然地完成对事物的抽象化，不管别人提出什么问题，都能轻轻松松地给出完美的总结。

请各位读者牢记总结的秘诀：从具体到抽象。

-Road to Executive-

一流的人使用抽象化总结。

☐ 试试罗列出具体的要素，从中找到共同点吧！

起草说明书

三流的人只会口头说明；二流的人使用超厚资料；一流的人怎么做？

我们购买到手的家电，常会附带一本厚厚的说明书。各位读者读过这类说明书吗？我从来没有读过。在拿起它的瞬间，就失去了翻开的欲望。

话虽如此，我在20多岁的时候，曾经整理出了一本有关公司里各类注意事项的说明书。这可是我耗费整整3个月时间写出的杰作，一定能大受好评吧！我为此沾沾自喜，却发现谁都不愿意去读它——这是当然的。整本说明书一共有500多页，全是密密麻麻的文字，谁会愿意读呢？

明明我都不会去读那些连篇累牍的说明书，轮到自己写的时候，却还是写出了类似的说明文字。这是我的一次惨痛的经验教训。

所谓的说明书，一般指的是对某事物做具体介绍的书面材料，在我们的日常生活中也随处可见，比如系统的操作指南或是项目的流程说明之类的。一流之人通常会怎样写说明书呢？答案就是——**"图解"**。

如果通篇全是文字，往往会让人一开始就失去阅读的兴趣；反之，**如果使用图解，则能引起读者的阅读兴趣。**

比如，请各位读者阅读图8-3，并试着猜猜这是什么故事。

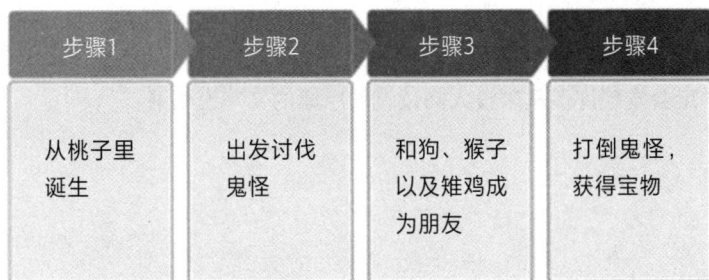

步骤1	步骤2	步骤3	步骤4
从桃子里诞生	出发讨伐鬼怪	和狗、猴子以及雉鸡成为朋友	打倒鬼怪，获得宝物

图8-3

想必大家一下子就能得出答案，没错，这就是桃太郎的故事。如果将桃太郎的故事写成书，大概有50页，但是经过图解的简化之后，一下便缩短到了4个步骤。即使是此前不知道《桃太郎》的人，也能很快明白故事的大概内容。看，比起琐碎的文字，图解不是更简单易懂、方便快捷吗？

"用图解做说明，就像展示一幅画作一般。"

比起阅读文章，人类的大脑处理视觉信息的速度更快，所以一流之人往往都是善于用视觉吸引人的天才。譬如，如果要用文字来描述"笑"这个动作，得写上好几句话："将嘴角往上提，露出牙齿，眼睛眯起、弯曲……"想来没人乐意在聊天窗口里看见这么一长串文字吧？因此我们通常直接使用表情包。

最后，让我们再来看看使用图解说明时的注意事项。简单来说，就是"从图开始写"，或者说"不要从文字开始写"。

首先要画出大概的流程图，接着为流程图填上合适的文字。这就和画家描绘人像是一个道理：画家描绘人像的时候，没人会从鼻子开始起草，都是先画出大概的轮廓，再确定各部分的位置，最后才是描画细节。

　　若各位读者感兴趣，也可注意一下自己公司内的情况，相信大家一定会发现许多从来没人阅读过的厚厚的文字说明书。

-Road to Executive-

一流的人使用图解说明。

☐　试试利用视觉传递信息吧!

Chapter 9

如何进行说明

恰当的时长

三流的人设定大概时长；二流的人根据内容定时长；一流的人怎么设定?

各位读者，你们在进行说明的时候，一般是如何设定说明时长的? 大概计一下时就好，还是根据说明内容确定时长? 一流之人首先要做的，是确定对方的"可接受时长"，换句话说就是，"对方愿意听你说多久"。

比如，若是对初次见面的人滔滔不绝地进行10来分钟的自我介绍，对方一定会感到厌烦。对于自我介绍，人们的"可接受时长"约为1分钟。

本来就没多少时间，想早点说正事，对方却还在那儿东拉西扯的，如果遇到这种情况，大部分人都会感到烦躁不安。例如，对方的销售明明说了"我只占用您10分钟的时间"，却从自家公司的光荣历史开始喋喋不休，那么这次商谈多半只能以失败告终。

这些都是因为没有把握好对方的"可接受时长"而引起的事故。

为了不重蹈覆辙，我在这里为大家提供3个简单的方法，以供参考。

方法一：开门见山。

在说话前，先开门见山地向对方询问："请问我能占用您1小时的时间吗？""请问您能给我大概10分钟的时间吗？"

如果对方爽快地同意，就表示这个时间确实在"可接受时长"以内；反之，如果对方犹犹豫豫、支支吾吾，就表示也许并没有那么多时间。

方法二：暗中观察。

有时，我们也不方便一上来就直截了当地询问，这时，就要用上"暗中观察"法，悄悄地摸索出对方的"可接受时长"。比如，可以先闲聊一两句，试探试探对方的态度，从中可以观察出对方是否愿意在闲聊上花时间：若是感觉对方不乐意，就最好赶快进入正题；如果对方时不时流露出坐立不安的神态，那也许是因为他接下来还有别的日程安排。总之，我们可以从最开始接触的氛围、神色、动作中察觉并掌握对方大概的"可接受时长"。

方法三：预先提示。

有时，我们也会遇到"不论怎样都希望对方能听我说完"的情况。这时，我们最好一开始就预先提示对方可能会花费的时长："希望您能给我60分钟的时间，我接下来要介绍的内容对您来说十分重要。"

如果事先知道大概的时长，做到心中有数，对方会感到安心许多。若是再补充说明一下消耗时间的理由，就更容易让对方接受。

总之，在正式向对方进行说明以前，我们最好换位思考一下："如果我是听众，我的可接受时长大约是多少？"这样可以模拟把握对方的可接受时长。这也是站在对方的角度、为对方着想的证明，更能获得对方的好感。

与之相反的，就是以自我为中心。如果只顾着自己方便而设定时长、不懂得换位思考，很容易一开场就出局。

换位思考、为对方着想，这种态度能够在交流中切实地传递给对方。一流之人步步登高的秘诀就在于此。

-Road to Executive-
一流的人根据对方的可接受时长进行设定。
☐ 试试确定对方的可接受时长吧！

说明前的准备

三流的人从过程开始考虑；二流的人从结果开始考虑；一流的人从何处开始考虑？

叮叮，提问时间！如果我们把"从结果出发说明"作为关键词在网络上进行搜索，可以找到多少篇文章？

答案是1000万篇。在这当中，有600万篇介绍的是"如何提升演讲能力"，400万篇介绍的是"说话的方法"。由此看来，许多人都希望提升自己"从结果入手进行说明"的能力。

的确，比起啰啰唆唆说上一大堆，简洁明了地说出结果，更能清晰地传达出说话人的意图——只是，"得出结果"真的就意味着具有很强的说明能力吗？并不一定。

比如，如果对方问起"前几天我让你弄的那个资料，做完了吗？"之类的话，那么结果显然只有"做完了"和"没做完"两项；如果对方询问的是销售额，那只需要告诉他销售额就好。然而，如果面对的是别的状况呢？假如下属突然对你说"从明天开始，我下午3点就下班"，又该如何应对？

遇到这种情况，比起结果，我们显然更想知道背后的原因。也就是说，不是所有事情都能得出结果，而是要具体情况具体分析。事实是，**人类只想知道自己想知道的事**。毕竟，大脑每天都要接收海量的信息，如果掌握太多无意义的信息，就可能导致错过有用的信息。

那么，一流的人的说明从何处入手？**一流的人的说明从推测对方的想法入手**。

某些情况下，对方需要的是可以用"Yes"或者"No"来回答的结果。比如是否获得预计销量、商谈有结果了吗、项目的进展是否顺利……而如果对方更注重事物的前提或背景，那么比起给出结果，他们更想要的显然是详细的说明。

譬如，有人习惯问"结果怎么样？"那我们就给他结果；有人喜欢问"根据是什么？"那我们就要给出根据。

当别人向我们倾诉烦恼的时候，啪的一下甩出结论是大忌中的大忌——很多时候，对方需要的并不是得到一个结论，我们应该做的是静静地倾听。若对方自己主动向我们寻求建议，才可以用提建议的方式给出结论。

"推测对方的想法"，听起来好像很难做到。这时，我们不妨思考思考，以下3个状态，对方正处于哪一个状态中？通过分类，便能大概地推测出对方的想法。

1.想得到结果。

2.想知道前提、背景、根据等细节。

3.没有具体的诉求（只是想倾诉）。

"说明"这个词的意思就是将事物解释明白。向谁解释明白？毫无疑问是"对方"。等到我们学会推测对方想法的那一刻，才算真正迈入了说明的大门。

-Road to Executive-

一流的人从推测对方的想法开始。

☐　具体情况具体分析，采用不同的说明方法吧！

演绎法

三流的人没有逻辑；二流的人重视事实；一流的人重视什么？

常有人说："我希望自己说话能更具有逻辑性。"

逻辑性是什么？简单来说，就是说话的流程。一个著名的推理流程如下：

人终有一死→苏格拉底是人→苏格拉底终有一死

流程畅通，没有任何逻辑上的问题。这就是演绎法——以符合前提的事实为基础，推理得出结论。

让我们来看下面的例子：

【前提】从不迟到的人值得信赖。

【事实】田中从不迟到。

【结论】所以田中值得信赖。

如此这般，按照"前提→事实→结论"的顺序进行说明，就能使话语听起来井井有条。

不过，演绎法也有缺点。它最大的缺点在于，如果前提出现了错误，那么整个逻辑的链条就会随之断裂。比如，在上面的例子中，"从不迟到的人值得信赖"这一前提，是正确的吗？

要知道，有许多人虽然有时会迟到，但依旧值得信赖。某些社长在开会时总是姗姗来迟，但他们依旧能赢得许多人的信赖。信赖的定义，原本就会根据人的主观感受而产生变化，所以，在前提动摇以后，"因为田中从不迟到，所以他值得信赖"这一说法也就无从谈起了。根据对象和前提的不同，结论也会产生变化，这是我们需要注意的重点。

正因如此，一流之人在使用演绎法的时候，会努力让"前提"和对方的思考保持一致——如果连前提都无法确保一致，就更不用说后面的逻辑链条了。

比如，可以事先询问对方："我认为从不迟到的人值得信赖，您是怎么看的呢？"如果对方也认可这一前提，那就再接着进入后面的事实和结论的阶段。

再举一个别的例子，如果想拜托丈夫把卫生间打扫一下，用演绎法该怎么说明？

【前提】打扫卫生间会让运气变好。

【事实】据说某某社长每天都打扫卫生间，一日不落。

【结论】所以，你也把卫生间打扫一下吧！

在这个逻辑链条中，最重要的部分依旧是前提。如果丈夫不认可"打扫卫生间会让运气变好"这一说法，肯定也听不进去后面的话。如果出现这种情况，我们就可以试着改变策略："你听过一个说法吗？说是打扫卫生间能让运气变好哟。""做些清洁工作，能有效地解除疲劳和压力呢！""据说松下幸之助就很热爱做清洁，几乎跟热爱工作一个程度。"……说些类似的话，先把"打扫卫生间会让运气变好"这一前提植入对方的脑海里，接着再顺着说事实和结论。

反之，如果想切断对方的逻辑链条，最佳的切入点也是前提，"并非都是如此""先不讨论后面的，光是前提本身就有问题吧？"等等。

如果使用演绎法进行说明，就会给人一种话语井井有条、富有逻辑的感觉。不过演绎法也有其缺点。因此，为了让说明更加无懈可击，我们一定要注意：让对方与你的前提获得一致。

-Road to Executive-

一流的人重视前提。

☐ 把握演绎法的缺点，提升说明能力！

归纳法

三流的人无凭无据；二流的人根据事实；一流的人怎么做？

在我们谈到逻辑性时，除演绎法以外，还有一种广为人知的方法，那就是"归纳法"。归纳法是指从个别到一般的推理方法，即从数个事实中得到结论。比如：

【事实1】《鬼灭之刃》大火。

【事实2】《咒术回战》大火。

【事实3】《新世纪福音战士》（新剧场版）大火。

【结论】如今漫画形势一片大好，我们公司也应该开发具有漫画元素的产品。

在罗列出数个的事实后陈述结论，这就是归纳法。

不过，归纳法也有其弱点，那就是：即便有数个事实可以证明，得出的结论也不一定完全正确。虽然近几年有好几部漫画作品都十分火爆，但不一定代表我们公司开发的产品也能顺利走红。

举个例子，假如同朋友谈到"想要提高自己的年收入"，而朋友回答说："我看到一本跑步杂志的调查说，绕着皇居跑步的男性跑步者，半数以上年收入都超过了700万日元。所以你要不要试试绕着皇居跑步？"

听到这样的建议，我们是否会感到啼笑皆非？这也太不着调了！的确有数据显示，绕皇居跑步的男性跑步者中有半数年收入都超过了700万日元，但跑步这一行为和提高年收入之间并没有直接的因果关系。

实际上，**归纳法只是一种假设**。即使罗列再多的事实作为佐证，得出的结论也不一定完全正确。如果为了提高可信度而哐哐哐扔出一二百个事实，反倒令人头疼。我们要清楚，归纳法得出的结论，说到底只是一种假设，因此在叙述结论时，应该这样说：

【事实】现在，我们常听人提到碳水化合物、脂肪和蛋白质这三大营养物质。

【事实】有很多人为了休养肠胃而选择每天断食半天。

【事实】有关无麸质饮食（不食用含有小麦、黑麦或大麦的食物）的书籍热销。

【结论】推测现在正兴起一股空前的健康饮食潮流。

【事实】田中社长早晨5点起床。

【事实】铃木部长早晨5点起床。

【事实】我有一个朋友也是早晨5点起床，他的工作能力很强。

【结论】在我所知的范围内，早起的人具有工作能力强的倾向。

"推测""具有……倾向"等词句，都是表示假设之意。在使用归纳法的时候，如果斩钉截铁地给出结论，很可能会被反驳说"这可不一定"，所以我们应使用"假设的结论"。即使有再多的事实，也不能保证结论绝对正确。一流之人往往会在这些细节上下足功夫，确保万无一失、无懈可击。

-Road to Executive-

一流的人在罗列出数个事实后，给出假设的结论。

☐ 把握归纳法的缺点，提升说明能力！

解决问题

三流的人不能把握问题；二流的人学会分析问题；一流的人怎么做？

称赞"逻辑树"为"逻辑思维法之王"也毫不为过。所谓"逻辑树"，就是我们在整理信息、解决问题时常会使用的一种框架。

比如，现在我们要销售一种"能提升睡眠质量的营养品"，在销售时，应该如何为客人介绍这款产品呢？让我们使用逻辑树来看看吧。**如图9-1所示，只要事先整理好逻辑树，那么我们就可以应对客人提出的任何问题。**此外，也可以更从容地决定该以何处为重点进行介绍。

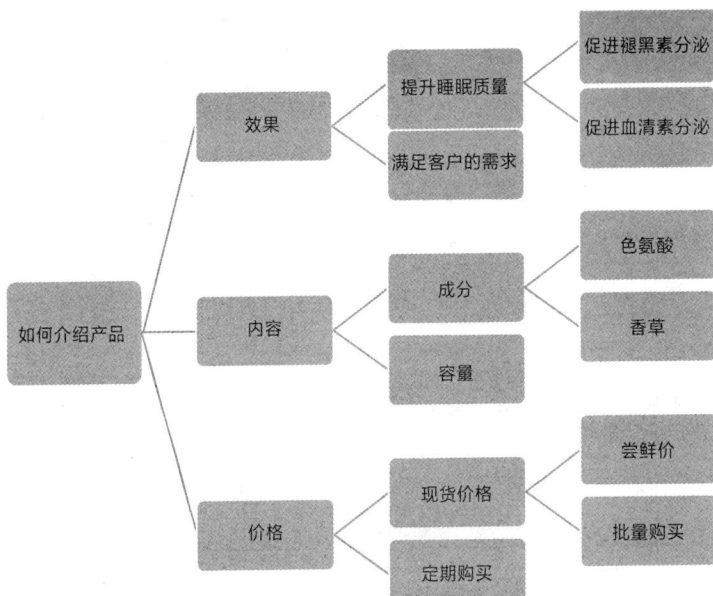

图9-1

如图9-1所示，将"怎么做"进行分解，这被称为"What：要素分解树"，通常在需要将事物的要素一网打尽时使用。

再举个例子，上述产品推出后，销量并未达到预期。当上司询问原因时，我们也可以使用逻辑树来分析（见图9-2）。只有彻底厘清销量不佳的原因，才能找到对症下药的解决办法。

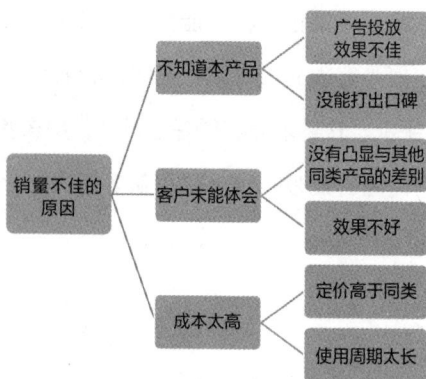

图9-2

如图9-2所示,将"为什么"进行分解,这被称为"Why:原因分析树",通常用于列举并分析产生问题的原因。

假设经分析后发现,最大的问题在于"客户不知道本产品",那么上司也许会接着追问该如何解决这一问题。我们同样可使用逻辑树列举出所有的解决方向,从中找出最行之有效的办法(见图9-3)。

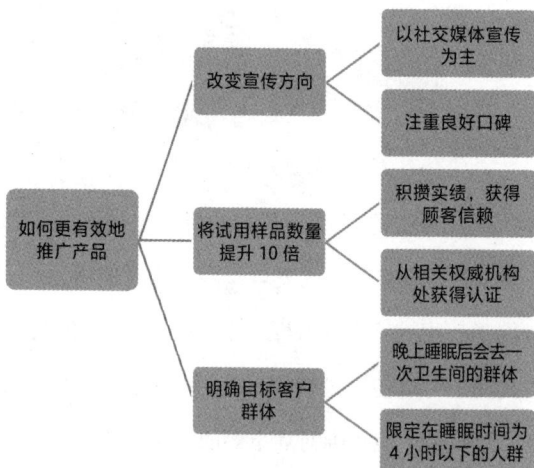

图9-3

如图9-3所示，将"怎么办"进行分解，这被称为"How：解决问题树"，通常用于罗列并探讨解决问题的办法。

当被他人提问时，有些人总是能一下子就给出最合适的答案，这是因为他们的脑海中仿佛勾勒出了逻辑树一般，能够以全局视角俯瞰问题。越是能被称为一流的人，越是拥有能快速绘出逻辑树的能力，并且他们还会具体问题具体分析，根据不同的情况，从这3种类型的逻辑树中选择合适的类型。

如果熟练的话，描绘一幅逻辑树只需要3分钟左右；如果更加熟练的话，不用动笔，在脑海中就能完成这一工作。请各位读者务必勤于思考，练习绘制逻辑树，培养能够迅速找出最佳答案的思维能力。

-Road to Executive-

一流的人使用3种逻辑树进行思考。

☐ **试试根据不同情况，使用"What""Why""How"3种逻辑树吧！**

系统整理

三流的人话语凌乱不堪；二流的人话语勉强成形；一流的人如何整理？

在正式开始前，请读者先跟我一起看看2020年的流行语评选。

在各位看来，2020年排行第一的流行语是什么呢？

答案是"三密"[①]：通风不良的场所、人群聚集的场所、互相之间能亲密接触的场所，也就是"密闭、密集、密切接触"。如今，"三密"一词已成为全日本范围内的常用词。让我们来将它整理一下（见表9-1）：

表9-1

三密	密闭	通风不良的场所
	密集	人群聚集的场所
	密切接触	互相之间能亲密接触的场所

经过总结，原本内涵丰富、指代广泛的句子用一个词就能表达出来，这就是令人赞叹的系统化整理方式。

这不仅限于流行语，比如，心理学家DaiGo[②]所研发的视频服务"D实验室"也是如此（见表9-2）。

表9-2

知识的奈飞[③]	服务	无限观看具有科学知识的视频
	便捷	随时反复欣赏喜爱的片段
	时间	音频版让你有效利用碎片时间

经过系统化的整理，"D实验室"人气火爆。只是因为其成体系的整理，才让说明深植于客户的脑海。

也许会有读者因为不擅长整理而苦恼，接下来就让我教给大家系统化整理的模板：总结—分条陈述—具体说明。见表9-3。

① 三密：出自东京都知事小池百合子。她将疫情专家的意见总结为严防"三密"，以便人们更好地理解疫情防控要领，方便在生活中操作。

② DaiGo：日本心理学家，网红博主。

③ 奈飞：Netflix，也叫网飞。是美国一家会员订阅制的流媒体播放平台。

表9-3

总结	分条陈述 1	具体说明 1
	分条陈述 2	具体说明 2
	分条陈述 3	具体说明 3

比如，在整理关于某产品的企划时，可以参考模板，整理为"总结＝产品名""分条陈述＝预算、交付日期、品质""具体说明＝预算为××元、交付日期为×月×日、品质为××级别"的形式。

我们不用每一次都绞尽脑汁地思考，只需要记住这一个模板就够了。就好比在便当盒里放好隔板，接下来要做的就只是把饭菜装进去而已。如果没有隔板，饭菜就会在盒子里混成一团。说明也是一样——如果不好好地进行梳理，说明就会乱七八糟，失去逻辑。

一流之人能够在眨眼之间便整理好自己的话语，这是因为他们掌握了整理的模板。

-Road to Executive-

一流的人使用"总结—分条陈述—具体说明"的模板。

☐ 试试从搭建框架入手吧！

149

紧急汇报

三流的人吞吞吐吐；二流的人陈述感想；一流的人怎么做？

在职场中，如果突然被要求汇报工作，我们难免会心下慌乱，说话吞吞吐吐。

"昨天××公司好像跟我们有合作意向吧？"

"××公司吗？啊，这个，是这样的，就是这个，它……"

若是这样回答，上司一定会感到烦躁。为了避免这种情况，有人会努力做到不打磕巴，迅速回答上司的问话。

"昨天××公司好像跟我们有合作意向吧？"

"是的，不过他们似乎还想再考虑一下。"（迅速回答）

"考虑什么？"

"考虑关于价格的问题。"（迅速回答）

"他们说了价格有问题吗？"

"倒是没有直接说出口，不过对方在我们报价之后脸色就变得有点难看……"（出现破绽）

"所以对方说了要考虑什么？"

"还有别的问题……"（暴露问题）

"别的问题是指什么？"

"具体我们也没问……"（暴露问题：未能和对方进行充分的

合作商谈）

有时我们即使想要做到不打磕巴，迅速回答问题，但往往只能回答"对方似乎还想再考虑一下""对方好像有点在意价格"之类的个人感想。

所谓汇报，指的是陈述状况和结果，也就是要陈述"事实"，汇报实际发生过的事。也许有人认为这是理所当然的事，然而现实是，当被突然要求做汇报的时候，绝大多数人都会下意识地回答以个人感想为主的内容。

我在20多岁的时候，有好几次都因为别人说我"这不过是你自己想当然罢了！"而暴跳如雷。其实，陈述事实并非什么难事，只是当别人突然发问时，我们难免慌张。如果有什么心虚的事，更是会为了隐瞒问题而绞尽脑汁，回答自然也就变得糟糕了。我就有过不止一次这样的经历。

回到上面的例子。在这个例子中，我们应该陈述的事实是"我们想要与客户签订合同，但没有成功"，以及"客户谈及的内容"。

以事实为基础，应该这样汇报："对方并没有当场拍板签约（事实），说是还需要与其他公司再进行比较看看（事实）。当我们询问是哪些地方需要比较时，对方回答说是价格（事实）。"

在事实的基础上，再添加个人感想："所以我认为，如果价格方面能谈拢，应该就能达成合作（个人感想）。我们可以试着重新报价，再同对方进行商谈（个人感想）。"

最佳的做法是，按照"先事实，后个人感想"的顺序进行汇报。

对于商业人士来说，工作汇报是基础中的基础。不过在现实中，许多人汇报时会把事实和个人感想混为一谈。要知道，汇报最重要的就是追求简单易懂，要求明确分离事实和个人感想。对于一流之人来说，正因其是基础中的基础，才要扎实地做到最好。

-Road to Executive-

一流的人按照"事实→个人感想"的顺序汇报。

☐ 在做汇报前，试试分离事实和个人感想吧！

先总后分

三流的人语无伦次；二流的人烦琐细碎；一流的人怎么做？

各位读者，你们擅长给别人指路吗？其实，在看似不起眼的指路中，也藏着能提高说明能力的技巧。

比如，你见过以下的指路方式吗？

"沿着那条路直走，在第二个那个那里左转，走到药店后再右转，接着就这么走就到了。"

那条路是哪条？第二个"那个"是什么？就这么走？哇，完全摸不着头脑。

出现这种令人难以理解的情况，主要有两个原因：一是没有明确目的地，二是太过抽象。那么，以下这种指路方式又如何？

"大概要走上5分钟。"（首先明确目的地）

"沿着眼前这条大路直走，在第二个红绿灯处左转，走10米左右，在右手边有一个药店。在药店处右拐就能到达目的地。"（给出具体的路线）

如何？这是不是比第一种指路方式更清晰明了？

以前，我经常到各地出差住酒店，因此常常会向酒店前台问路。不管是哪一家酒店，当我问路时，他们都有一件一定会做的事。猜猜是什么？没错，就是"让我们先来看看地图"——前台服务人员总是先在地图上为我指出目的地，再进行具体的路线说明。

对于不熟悉当地环境的外地人，派出所的巡警在指路时一般会先告知大概需要走多久；导航也会显示"距离到达目的地约××分钟"的字样，接着才会对具体路线进行说明。由此，我们能够总结出指路的最佳方法。

1.明确目的地。

2.进行具体的说明。

这也是说明的基本方法，即按照从大到小的顺序进行说明。**如果将"指路"替换成我们日常生活中使用的说明语言，那就是"从概述到细节"。**

如果对方对你将要说明的事物没有一个大概的了解，那么先从细节开始说明，就会让对方一头雾水。

在刚工作的时候，介绍公司对我来说可是件苦差事。那时，我在一家人才派遣公司工作。现在若说起人才派遣公司，大家或多或少都有所耳闻。但在20年前，对方多半都会满头问号："人才派遣公司？那是干什么的？"

为了向对方解释清楚，我总是试图做详尽的说明，结果反而弄得对方更加摸不着头脑。所以之后，我就改变了自己的说明方式："人才派遣公司，就像是人才的银行一样（概述）。主要业务内容是在必要的时候为客户提供合适的人才（细节）。"

在工作中，我们常会遇见类似"××是什么？"之类的问题，这时，我们千万不能从细节开始说明。为了让对方一下子就能明白，首先要对事物进行概述，接着才是说明细节。这是不可动摇的钢铁法则。

-Road to Executive-

一流的人从目的地开始说明。

☐ 试试按照"从概述到细节"的顺序进行说明吧！

Chapter 10

如何增强说服力

说服他人

三流的人毫无章法；二流的人使用PREP法；一流的人怎么做？

各位读者，大家知道PREP法吗？它的流程具有极强的说服力，因而在商业界广为人知。具体来说，就是按照"Point（结论）—Reason（理由）—Example（具体示例）—Point（结论）"来进行说明，可以清楚地表明自己的观点，增强说服力。

让我们来看看下面的例子。比如，当我们想要为减肥人群推荐青花鱼时，该怎么做？

Point（**结论**）：白煮青花鱼非常适合减肥人群。

Reason（**理由**）：它碳水化合物含量低，蛋白质含量高。

Example（**具体示例**）：在白煮青花鱼中，碳水化合物的含量仅为0.6克，接近于0，而富含蛋白质，含量为30克。蛋白质是组成肌肉的重要成分，具有促进新陈代谢的作用，能让人更容易瘦下来。

并且市面上有销售白煮青花鱼的成品罐头，购买方便、物美价廉，只要开一瓶罐头就能吃饱。

Point（结论）：由此可见，水煮青花鱼非常适合减肥人群。请各位努力减肥的朋友务必试一试。

按照PREP的流程说明，观点明确，理由充分，也有具体的例子，能给听众留下深刻的印象。不过，一流之人会在这基础上再进行提升：**他们会根据不同的受众群体而改变PREP的流程。**

比如，某位销售想向上司提出将自己的营业范围限定在某一区域内。按照PREP的标准流程，说明如下：

Point（**结论**）：我想把营业范围限定在新宿区内。

Reason（**理由**）：这样有利于提高工作效率。

Example（**具体示例**）：如果能限定在新宿区内的话，我每天能拜访5次客户。现在每天最多只能拜访3次。

Point（**结论**）：所以，我希望能把营业范围限定在新宿区内。

观点明确，说明清晰，颇具有说服力。只是，如果一上来就跟上司说"我想把自己的营业范围限定在新宿区内"之类的结论的话，搞不好上司只会挥挥手说："有空说那么多，不如更勤快点去工作。"

因此，我们得调整一下顺序，按照"Example（具体示例）—Reason（理由）—Point（结论）"的顺序说明。

Example（具体示例）：我总结了许多营业方法，发现如果能限定在新宿区内的话，我每天能拜访5次客户。现在每天最多只能拜访3次。

Reason（理由）：如果能限定区域的话，更有利于提高工作效率。

Point（结论）：所以，我希望能把自己的营业范围限定在新宿区内。您怎么看？

同一开始的直来直去相比，后一种说法更加委婉温和。虽说PREP法向来被誉为商业界的经典说明法，但根据说明对象和目的的不同，我们可以灵活地改变顺序和流程，而不是非得生搬硬套——这才是一流之人的思维方式。

-Road to Executive-

一流的人灵活地运用PREP法说明。

☐ **根据运用场景的不同，试试灵活地改变PREP法的流程吧！**

寻求合作

三流的人道出要做的事；二流的人阐明目的；一流的人怎么做？

不管是制订并实施长期企划、创立新的工作项目，还是修改公司内的规则、举办各种活动，这些事情都不可能独自完成。所以，我们常常需要向相关人士进行说明，寻求合作。那么，我们该如何寻求合作呢？

答案是，**向对方说明自己的"目的"。也就是说，让对方知道"为什么要做这件事"。**

不给出任何理由，突然就提出"今天中午前我们一起把这份企划书写出来吧"，对方多半没什么动力。若是再说"别磨磨蹭蹭的了，照我说的做就好"之类的话，甚至还会让对方产生逆反心态。由此可见，重要的是要先讲清楚自己的目的。

那么，只要我向对方说清楚目的，大家就会立刻热火朝天地行动起来吗？其实并非如此。

比方说，不管社长如何向员工阐述创立公司的目的、公司的理想、信念、任务等一堆大道理，员工通常也只会左耳进右耳出，很难自发行动起来。也常有人抱怨，明明已经把目的说得很清楚了，对方却还是不为所动。

"即使说清了目的，对方也不为所动。"产生这种情况的原因只有一个，那就是"目的同个人之间的联系太弱"。

不论如何舌灿莲花、说得头头是道，如果对方感觉不到所叙述的目的会对自己产生影响，就不会真正地行动起来。

譬如，如果不能令对方感受到这个项目的完成同自己有什么关系的话，即使你激情四射、唾沫横飞，"为了在业界掀起一场革命，让我们一起来完成这个项目吧"，对方也提不起干劲来。所以，我们需要在"这个项目"与"对个人的影响"之间建立联系。

可以告诉对方，如果这个项目完成的话，"你能掌握更多的技能""会有很多人感谢你""这是你青史留名的大好机会"等等。

史蒂夫·乔布斯的演讲总能扣人心弦，引起观众的共鸣。为什么他能抓住观众的心？这是因为他的演讲内容与观众切身相关。比如在iPhone的发布会上，他曾说过，"通过使用iPhone，我们能够实现什么？""在未来等待我们的会是什么？"将发布会内容与观众的生活联系在一起，令人激动不已。

单纯说目的，很难起到作用。只有当目的与个人之间产生紧密的联系时，才能激发热情与活力。因此，在向他人寻求合作的时候，请牢记：

目的：为什么要做这件事？

与个人之间的联系：达到目的后，会对自身产生怎样的影响？

只要我们将这二者结合起来，就能调动对方的积极性，使其爆发出无与伦比的干劲。

-Road to Executive-

一流的人说明目的与个人之间的联系。

☐ 试试将目的达到后所能得到的好处传达给对方吧！

意见分歧

三流的人沉默不语；二流的人最终妥协；一流的人怎么做？

在工作中，常会出现意见不合、产生分歧的情况。

我先把结论告诉大家：当意见出现分歧时，请用事实取胜。这里所说的事实，就是指具有实例支撑的事或数字。

比如，白熊是白的，这就是事实。《鬼灭之刃》大火也是任谁也无法否认的事实——迄今为止，《鬼灭之刃：无限列车篇》已经取得了400亿日元的票房成绩，超过《千与千寻》，刷新了日本电影票房纪录。

在工作中也是一样。比起"这件产品应该能卖得很好"，显然是"实际试用过产品的1000名消费者中，有80%的人都表示想要立刻购买"更有说服力，毕竟事实胜于雄辩。

最近，一款名叫note的部落格式社交软件正在流行，如果我们想在公司里也使用这种软件，仅仅说"我们公司也可以试试使用这款软件，最近好像很流行"是行不通的。如果想要说服他人，就应该使用建立在事实之上的说明："最近一年间，LINE的用户数量从7900万增加到了8200万，Facebook从2900万下降到了2600万，Instagram从2900万增加到了3000万。而有一个社交平台的用户数从1000万剧增到了6000万，那就是note。从增长的用户数量可以看出，它无疑吸引了许多用户。因此我认为，我们公司也可以试着使用note，您觉得呢？"

一流之人的说明之所以颇具说服力，就是因为它是以大量的事实为基础的。

在电视节目中，常能看见2ch[①]创始人西村博之、桥下彻[②]及东国

---

① 2ch：一个巨大的留言板群，用户数量众多，鱼龙混杂，类似于中国的天涯社区。
② 桥下彻：日本政治家、律师。第52任大阪府知事。

原英夫[①]等人的发言。如果细细品味，就能发现他们的主张几乎都是建立在坚实的事实基础上的，因此极具说服力，适合在电视节目上播出。

回到主题，当与他人出现意见分歧时，我们该做的有两件事。

第一，明确己方观点依据的事实。

"我之所以持有这种观点，是因为有这样一份调查""经计算得出这样一个数字""××公司的××曾表示……"，像这样摆出事实作为论据。

第二，明确对方观点依据的事实。

除了确认自己列出的事实，还必须注意对方罗列了怎样的事实。有时我们无法直截了当地问出口，就可以采用迂回的询问方式，比如，"可否请您具体地说明一下理由？""我对此不是很了解，所以希望您能展示一下相关的数据"等等。

在出现分歧的情况下，一流的人具有大胆说出自己观点的底气，因为他们把事实作为证据。

-Road to Executive-

一流的人用事实定输赢。

☐ 试试罗列事实再陈述自己的观点吧！

---

① 东国原英夫：日本政治家、作家、演员、综艺明星。第17任宫崎县知事。

具有说服力的材料

三流的人全凭感觉；二流的人搁置争议；一流的人怎么做？

在进行说明时，我们经常采用一种名叫"金字塔形结构"的组织架构。塔尖的部分是结论，其下排列的是根据。如图10-1所示，结论是"我的观点是……"，根据是"理由有三点……"。

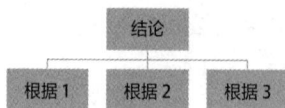

图10-1

比如，如果要选择一家公司制作主页，结论是："我希望由A公司来负责。"根据是："理由有三点，第一是A公司收费低廉，第二是他们具有丰富的实绩，第三是交货速度快。"（见图10-2）金字塔形结构能够简洁地将说明内容展示清楚，受到许多人的欢迎。

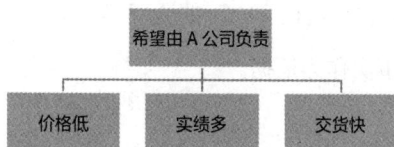

图10-2

不过，**金字塔形结构最大的弱点在于，难以应对"侧面吹来的风"**。

如果别人从别的角度提出疑问，那么这一结构就会整个儿崩塌掉。比如，当我们提出结论"希望由A公司负责制作主页"时，别人可能会提出不找外包而是由自家公司操刀的模式，或者只将主页设计外包出去、内容还是由自家负责的半外包模式，这些都是"侧面吹来的风"。

当我们应对这些出现在"框架之外"的问题时，往往一时回答不上，只能暂且搁置，调查后再说。明明自己拥有明确的主张和充分的根据，却无法当场做出决定，只能暂且搁置，这就落到二流之人的做法了。

那么，一流之人会怎么做？

为了避免出现上面这种情况，一流之人会从多个不同的角度入手，制作金字塔形结构。**在说明时，只需要展示一个结构，但我们也必须考虑别的情况，制作出多个结构，以作佐证**（见图10-3、图10-4、图10-5）。

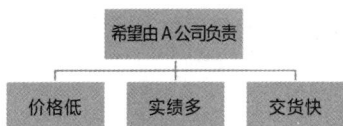

图10-3

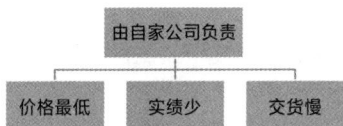

图10-4

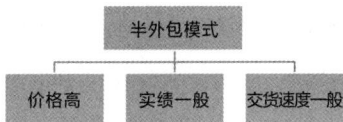

图10-5

"我们也考虑过由公司自己制作主页的方案。就成本来说，这一方案价格最为低廉，但此前公司并没有制作过主页，此外因经验不足，还会耗费相当多的制作时间。而半外包方案的成本非常高昂。因此，综合来看，委托A公司制作才是最佳方案。"

在制作金字塔形结构时，我们要拥有俯瞰全局的视角，考虑到"侧面吹来的风"——问题的其他角度。这是一流之人所擅长的。

因此，请各位在思考最终的结论和根据之前，先根据不同的思考角度，准备好不同的金字塔形结构。这样一来，当你提出自己的主张时，一定会拥有比只准备一个结构时多好几倍的说服力。

-Road to Executive-

一流的人准备不同的金字塔形结构。

□ 试试从不同的角度思考问题，取得最优解！

难以开口

三流的人没有拒绝的勇气；二流的人编造正当理由；一流的人怎么做？

在职场中，我们时常会被分配一堆自己不愿做的工作，并且通常难以开口拒绝。这时，三流之人往往没有拒绝的勇气，只能忍气吞声，二流之人则会以"最近工作太忙，没有时间"之类的正当理由来拒绝。那么，一流之人会怎么做？

一流之人会在尊重对方意见的同时，运用坚持自我主张的协调性说话方式来拒绝。

要做到这一点，首先，我们要听取对方的要求："这些工作在明天之前能做完吗？确实时间很紧。"之后再陈述自己的主张："非常抱歉，如果我能办到的话，十分乐意为您效劳。但是我今明两天的日程表都排得满满当当，实在挤不出时间。"在这个基础上，如果还能给出别的解决方案，就再好不过："明天的话很困难，不过如果截止日期是下周一，我应该能帮上一些忙。"

再来看看别的例子。如果遇到无理取闹的客户，又该如何是好？即使你告诉对方"这在合同里都写着"，对方多半也只会胡搅蛮缠："你说话不算！把你们老板叫来！"

如果这时候给对方讲"大道理"，很可能会起到反作用，进一步刺激对方的情绪。为了不让事态进一步恶化，我们需要万分注意说话的方式。

首先，应当从两个角度思考问题，一个是自己的角度，一个是对方的角度。因此，我们要先请对方陈述他的诉求，接着再陈述自己的主张。如此一来，就能产生"卡塔西斯"效果。

"卡塔西斯"是一个心理学术语，意思是"净化"。简单来说，就是"去除心里积压的感情"。各位读者，你是否也有过"只是把话说出来就舒服多了""哭出来就好受多了"的时候？

听取对方的诉求，正是一种"净化行为"，反过来说，拒绝听对方说话则是一种"封锁行为"。所以，我们应当先以诚恳的态度听取客户的诉求，让对方把心中的不满发泄出来。等到净化之后，再提出自己的主张。

只要学会了协调性的说话方式，我们就能在难以开口时大大地前进一步，人际关系也能发生明显的变化——即使以往不敢拒绝，或是只能躲在编造的正当理由之后。

如果对方不愿意好好听人说话，就要想办法让他变得能够听得进别人讲话。这并非说我们要忍气吞声，或是强行把自己的意见灌输给对方，而是既要尊重对方的思想，又要清晰准确地传达自己的主张。一流之人在遇见问题时，常常会将对方的意见纳入自己的思考。

-Road to Executive-

一流的人使用协调性说话方式。

试试在尊重对方意见的同时，坚持自己的主张吧！

讨论停滞

三流的人事不关己；二流的人固执己见；一流的人怎么做？

生活中常有讨论停滞，无法继续推进的情况，比如在会议或者面谈时，常常说着说着，话语就仿佛船只撞上暗礁一般，不知怎么就停了下来。各位读者，遇到这种情况，你会如何处理？是事不关己高高挂起，还是固执己见？一流之人会重新设定论点。

这是我曾遇见过的真实的案例。我曾经工作过的某家公司，员工总是因为现金和账簿对不上的问题而烦恼不已。当时，我们讨论过许多解决方案，比如，"每次都把现金清点两遍如何？""写一个相关的操作指南如何？""要不从公司本身的体制入手？"正当大家各抒己见时，突然有人提出："不过这些办法都没法彻底解决问题吧？"

这话一出，会议就停滞了下来，大家面面相觑，时间在尴尬中流逝。这时，有人嘀咕了一句："或许不用执着于怎么让现金和账簿对上，想想有没有代替现金的支付方式如何？"

这话如醍醐灌顶一般，让大家恍然大悟——如果能使用现金以外的方式进行交易，那么自然也就没有现金和账簿对不上的问题了。最终，公司导入了无现金交易方式，这一困扰公司许久的问题也就迎刃而解。

所谓的论点，指的是"能够引导人们找到最佳答案的提问"。**如果能找到合适的论点，那么就能一口气推动停滞的讨论大步向前。**

有时，我们也会在会议中遇到这种情况：为了提高销售额，会议中列举了多个方案，但直到会议结束，也没有拿定主意最终要采用哪一个。此时，最重要的论点就是"由谁来拍板决定"。即使方案再多，如果没人做决定的话，那这场会议也就毫无意义。

因此，在这种情况下，一个合适的论点就是：让我们先来决定谁是这次方案策划的责任人吧。

当讨论停滞不前、毫无进展时，我们不应该继续固执己见，而是应该从中"跳出来"，重新寻找出一个合适的论点，这才是最重要的。

那么，如何才能找到合适的论点？**答案就是使用"疑问句"，不停地发问。**比如，下属田中在工作中老是犯错，这时，我们就可以提问："怎样才能让他不犯错？""怎样才能转变他的意识？""这些工作可以交给其他人负责吗？""怎样才能让这些工作本身消失？"

从不同方向提出大量"疑问句"，就能发现让人灵光一现的论点。

比如，可以想办法指导田中提高能力、减少错误，也可以把这部分他不擅长的工作外包出去，甚至可以想想有没有什么办法，试着取消这部分业务。总之，能从中发现许多不同的解决办法。

现代管理学之父彼得·德鲁克曾说过："重要的不是发现正确的答案，而是找到正确的问题。"一流之人能够充分理解这句话的含意。因此，当讨论陷入僵局时，我们要记住，最重要的是，重新设立正确的论点。

-Road to Executive-

一流的人重新设定论点。

☐ 提出大量的疑问句，从中找到让人灵光一现的论点吧！

话不投机

三流的人毫无察觉；二流的人归咎对方；一流的人怎么做？

当交流中出现"话不投机"的时候，也许是因为对话的层次没有谈拢。

"对话的层次"？那是什么？就让我来为各位读者简单地说明

一下吧。

举个例子，如果提出"决定在工作中使用电子审批来代替印章①"，一定会听到许多反对的声音。什么"怎么能完全取消印章！""还有别的办法吧""取消印章只是手段而不是目的"等，令人骑虎难下。这时，如果心下只想着"这群人真是不懂变通"，那就落了下乘，是二流之人的想法。

"原因是什么""目标是什么""准备做什么"（见图10-6），如果不能在这些层次上达成一致，那么不管如何说明，也不过是白费工夫。

比如上面的例子：

· 原因是什么：为预防新冠而推进居家办公。
· 目标是什么：杜绝只是为了盖印章就必须跑一趟公司的行为。
· 准备做什么：因此，决定在工作中使用电子审批来代替印章。

像这样进行说明，更容易使人接受。在与他人进行交流时，如果出现话不投机的情况，不妨暂时止住话头。将对话的层次重新梳理一遍，找到与对方出现分歧的点在哪里，再思考如何就这一点进行能让对方理解的说明。如此一来，当双方再次回到交流中时，便一定能言归于好。

---

① 印章：日本人习惯使用印章，作用类似于签名。对于日本人来说，印章是生活中不可缺少的。

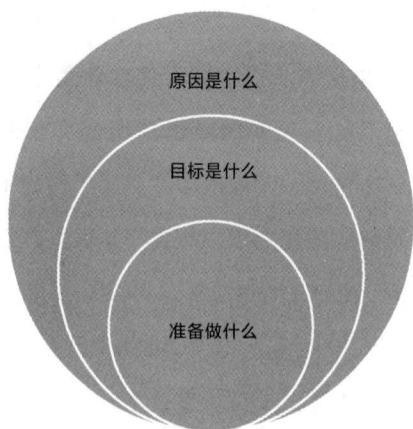

图10-6

有这么一个听起来像是笑话，却绝对真实的故事。

有个新人，在刚进公司的时候接受了培训，培训内容有一条是"在上班的时候要和同事们打招呼"。他表现得很好，上班的时候和每位同事都好好地打了招呼。可是，等到客户来了，他却不和客户打招呼。

别人只好告诉他，如果来了客户，也要和客户打招呼。新人表示明白，于是之后再有客户来，他也能和客户好好地打招呼。可是等到同行来了，他却又不跟同行打招呼。

没办法，只好再告诉他，如果同行来了，也得打招呼才行。从那以后，当有同行上门，这位新人也能好好地打招呼了。培训他的人累得够呛，不免在心底嘀咕："为什么他非得要别人一遍一遍地教呢？"

对许多人来讲，好好向别人打招呼都是理所应当的事。然而，不具备这一常识的也大有人在，为此，我们可以这么告诉对方：

·目的是什么：公司希望和工作有关的所有人都能快快乐乐地工作。

·目标是什么：希望建立一个充满活力与快乐的职场。

·准备做什么：因此，不管来的是谁，都得好好地和对方打招呼。

让对方了解到这3个对话的层次，就不必每次都重新教一遍了。在与他人的交流中也是如此，一旦话不投机，不如先冷静地思考一番到底是哪一层的说明出了问题，再有针对性地提出解决办法。

-Road to Executive-

一流的人关注对话的层次。

☐ **在话不投机时，试试重新思考对话的层次吧！**

分析逻辑

三流的人从不使用数据；二流的人说明相关关系；一流的人怎么做？

在职场中，常常需要我们分析数据、进行说明。各位读者，在你进行说明的时候，曾被他人提问过吗？比如"真的是这样吗？""为什么能得出这个结论？"之类的问题。尤其是当相关关系和因果关系出现问题时，更容易被这样提问。

相关关系，简单来说就是"有这一倾向"。

因果关系，则指的是"A是B的原因与结果"。

如果只是有这一倾向，却轻率地在说明中表示"从数据中我们可以看出，A是B的结果，所以今后应该坚持……"，就很容易受到他人的质疑："真的是这样吗？"

所以，重要的是要准确地把握"因果关系"。比如，"吃得多"和"长胖了"这两件事之间是相关关系，还是因果关系呢？也许有人会认为"吃了很多东西是原因，长胖了是结果，这应该就是因果关系吧"。然而，答案是："吃得多"与"长胖了"之间，是相关关系。

的确，吃得多的人更容易长胖。然而只要把多摄取的部分消耗掉，就不会长胖。摄入食物与长胖之间的因果关系应该是：摄入的卡路里超过了消耗的卡路里，所以才会长胖。

让我再唠叨一遍，相关关系指的是倾向性，而因果关系指的是原因与结果。如果只注重相关关系，那么在上面那个例子中，我们很可能只能给出"不要吃太多"的建议，而忽略了另一个更好的解决办法——通过运动消耗多余的卡路里。

请记住：有相关关系，并不代表就有因果关系。

想要准确地把握事物之间的因果关系，有个具体的办法，分为下面两步：

1.倒过来思考。

2.举出别的原因。

比如，"如果投入2倍的广告费，销售额就会是原来的2倍"是真的吗？想要摸清两者之间是否有因果关系，先从"倒过来思考"开始，"如果不投入两倍的广告费，销售额就不会是原来的2倍"。这么一想，好像并非如此，似乎还存在别的原因。

接着，举出别的原因。销售额是原来2倍的原因还有"销售时期很好""设计大受好评""促销活动很火爆""销售的努力"等等。我们可以从中选择出对销售额影响最大的原因，并对此进行说明。

自然，不论多么费尽心思去深究，也很难找到一个百分之百确定的原因。况且，如果想要把所有的影响因素都调查一遍，也会花费太多的时间。可是，如果只是找到了某个"倾向性"就轻率地下结论，便会很容易被他人揪出问题。

因此，我们在分析数据进行说明时，可以花费适当的时间，运用上述的两个步骤，找到事物之间的因果关系，这有助于提高我们的分析能力。

-Road to Executive-

一流的人说明因果关系。

☐ 试试运用两个步骤找到因果关系，提高自己分析数据的能力吧！

令人头疼的说明对象

三流的人畏畏缩缩、不敢开口；二流的人不管不顾、强行开口；一流的人怎么做？

在工作与生活中，我们会遇见许多令人头疼的说明对象：从说明开始前就满脸不耐烦的人、在开口的瞬间便露出惊讶表情的人、说明后激烈反对的人……形形色色，不一而足，其共同点是都令人头疼不已。

面对这类对象时，如何向对方说明就成了个大问题。那么，不妨让我们站在对方的角度，从"为什么他就是不愿意好好听我说话"开始思考吧。

仔细想来，大约能找到以下5个理由：

1.**内容原因**：对方根本就不懂眼下在谈的是什么。是抱怨吗？还是交谈？抑或是诉求？如果他没有弄清楚，自然也没有兴趣听。

2.**主题原因**：对方对谈话的主题本身不感兴趣；他认为现在不是交谈的时候，或者这件事本身在他心目中的优先度很低，觉得跟自己没什么关系。

3.**客观原因**：对方太忙了，根本没有听取说明的时间；他有许多的事情要处理，大脑里已经装不下别的事，行程表也满满当当，根本没空搭理人。

4.**信用原因**：对方根本就不信任做说明的这个人。也许是因为对方曾犯过错误，也许是因为对方曾经不守信用，或者工作出现过疏漏。总之，因为不信任对方，所以也懒得听他说话。

5.对象本人原因：对方本身就是那种缺乏耐心的人；或者他总板着一张脸，不论面对什么都是一张扑克脸，并非只是针对某个人。

那么，知道这些原因之后，我们又该如何处理？以下便为大家列举一些解决措施。

1.内容原因：直截了当地给对方解释清楚，让对方能接受说明的内容。

2.主题原因：明确告诉对方需要现在就进行说明的理由，比如，"虽说事情本身并不紧急，但是有些东西我必须在事前就告知您"；设法让对方对主题感兴趣，比如，"我接下来要说明的是能有效抓住顾客的办法"。

3.客观原因：让对方掌握主动权，比如，"我想同您商量有关××的事，请问最近有时间吗？"首先同对方确认时间，比如，"您可以给我3分钟的时间吗？"

4.信用原因：确认自己是否做过损伤信誉的事，如果做过，最好先想办法重新赢取对方的信任。

5.对象本人原因：在对方感到不耐烦前完成说明。如果对方是那种习惯性板着脸的人，就不必在乎他的脸色，按照自己的步调说明即可。

以上，就是我列举的一些关于"为什么对方不愿意好好听我说话"的例子。当然还有许多别的情况，很多时候我们也许并没犯错，只是因为对方谁的话也不愿听，或者本身就是个胡搅蛮缠的家伙……

然而，当我们向对方说明的时候，往往是因为自己有一些诉求，比如想得到一个裁定、想让项目大获成功、想通过商谈推动某一业务发展……为了实现自己的目标，让我们先从改变自己开始吧！这也是一流之人所拥有的觉悟。

-Road to Executive-

一流的人寻找原因、对症下药。

☐ 试试找到问题的原因，对症下药吧！

Chapter 11

大庭广众之下的说明之道

说明的流程

三流的人的说明颠三倒四；二流的人用擅长的方式说明；一流的人怎么说明？

各位读者，你会因为说明对象的不同，而改变说明的流程吗？在大庭广众之下做说明，通常有两种流程：一种被称为结论型，一种被称为展开型。

所谓结论型，指的是开门见山地说出结论："今天，我想说明的是有关××的事。"这种说明适用于那些想要早点知道结论的说明对象。不过，从一开始就把结论抛给听众，也许会有人认为"想说的就是这个呀""如果只是这点内容，之前就已经听过了"，他们只能了解说明的表层内容。

所谓展开型，指的是先从小事讲起，如同讲故事一般娓娓道来："前几天我遇见过这样一件事……"这种类型的说明能一层一层揭开说明的内容，吸引听众的注意力，让人了解到一些更深层次的信息。不过，如果前面用来"起兴"的故事无趣，难免会让人听得不耐烦。结论型和展开型，都各有其长处与短处。

一流之人，会根据听众的状态使用不同的说明流程。

【结论型】听众对说明的内容很感兴趣，但是对说明人（你）本身兴致不高。在这种情况下，听众更想听到的是有关内容的说明，所以应该使用结论型。如果絮絮叨叨地从自己的故事开始说起，听众的兴趣也会一减再减。

【展开型】比起内容，听众对说明人本身（你）更有好感，或是更感兴趣。如果遇到这种情况，那么最好将你自己的经历，以及得出某一结论的背景和思考事无巨细地讲给听众，最后再得出结论。

我们公司已经召开过1万次研讨会了。当某位讲师受邀去企业培训的时候，讲师和学生基本上互相都不认识。因此，如果这时导师喋喋不休地从自我介绍开始讲起，学生难免会感到不耐烦，会场的气氛也会变得冷冰冰的。所以遇到这种情况，最好开门见山地说："今天我们的主题是××，学习的重点有以下3点……"

反之，如果是在出版纪念会或是用自己的姓名命名的活动上，那么参与的听众或多或少都对主讲人抱有一定的兴趣。这时，主讲人最好先从自己的经历开始讲起。如此一来，听众也会感到开心。

当然，有时我们也会遇到事先对听众的状态并不了解的情况。**这时，就要根据说明内容的不同，先大概地在心里估计一下。**

比如，如果是某款新产品的发布会，那么一定是对产品本身感兴趣的听众更多，就用结论型进行说明；又比如，如果是发布某项研究成果，那么除了结论本身，听众一定也会对研究原因、背景、目的和方法感兴趣，就可以用展开型进行说明。

不管什么场合，只会使用自己擅长的说明方法，这是二流之人的做法。一流的人会根据听众的需求，灵活地使用不同的方法。在大庭广众之下进行发言，就意味着占用了听众许多宝贵的时间，因此，我们应当让听众认为付出这段时间是有价值的。为此，一流的人会设身处地为听众着想，改变自己的说明方式。

-Road to Executive-

一流的人灵活地使用不同的说明方式。

☐ 试试根据听众的需求，使用不同的说明流程吧！

开始发言

三流的人大脑空白；二流的人直接开始；一流的人怎么做？

各位读者，你有过这样的经验吗？在开始发言的时候，听众或是一脸索然无味，或是只顾埋头哗哗翻资料，或是眼皮打架看起来下一秒就要睡着……自己明明经过了精心的准备，看见听众这副样子，心里难免感到受伤。不过，这也是没办法的事。毕竟，人只想听自己感兴趣的事。

让我来为大家解释一下心理学家柯林·彻里提出的"鸡尾酒会效应"。鸡尾酒会效应指的是在喧闹的酒会里，有许许多多的说话声和杂音，很难听清他人在说些什么。然而，当某人提到自己感兴趣的话题时，人们却能敏锐地捕捉到。比如，如果有人提到自己的名字，就会很快反应过来："是在说我吗？"排除不必要的杂音，只捕捉自己感兴趣的信息，这是人类的特性。

知道了这一点后，我们在进入正题前，就有一件非干不可的要紧事，那就是"让听众认为说明内容与自己息息相关"，也就是说，要吸引听众的注意。

如何吸引听众的注意？这就得用上"快乐原则"了。"快乐原则"是心理学家古斯塔夫·费希纳提出，并由弗洛伊德归纳总结的理论，指的是人类的行动是在"追求快乐"，同时"避开痛苦"。所谓快乐，指的是开心的、美好的、让人有所收获的事物；所谓痛苦，指的是让人讨厌的、恐惧的、使人蒙受损失的事物。

如果把这个概念应用于说明中，就是：

· 快乐 = 能让自己有所收获的信息。

· 痛苦 = 如果听漏了就会遭受损失的信息。

如果灵活运用这一知识，就能在进入正题前让观众对接下来要说的内容感兴趣了，比如，最近经常能听到的"大数据"。如果我们以以下说明开头："大数据技术指的是将普通软件无法处理的海量资料在合理时间内采集、分析并整理成为企业经营决策依据的技术……"那么听众一定会兴致缺缺。

为了吸引观众的注意，我们应当根据快乐原则这样说：

· 快乐 = 能让自己有所收获的信息

"如果能有效使用大数据的话，在便利店里需要用整整1小时才能对畅销品进行分析下单的工作量，用1分钟就能解决。余下的时间可以用来招揽客户或是想办法让产品更加畅销，提高销量。"

·痛苦＝如果听漏了就会遭受损失的信息

"现在许多企业都在有效使用大数据，结果减少了1000万日元的人工费，并用节省下来的费用开发了新产品。我们预测，接下来会有更多的企业使用大数据，大概会占到行业的80%。而不使用大数据的企业，则会被同行远远地甩在身后。"

在进入正题前，只需要简短的一两分钟，就能改变听众的专注程度。因此，一流之人会在开头这部分下一番功夫：首先要想办法吸引听众的注意，接着再开始进行说明。如果能掌握这一技巧，那么听众就会以前所未有的专注，认真聆听你的说明。

-Road to Executive-

一流的人想办法吸引观众的注意。

☐ 试试进入正题前，用"快乐原则"吸引观众吧！

制作PPT

三流的人没有思考，直接开始；二流的人考虑结构，边想边做；一流的人怎么做？

许多人都向我说过，自己不擅长制作PPT。各位读者，请问你一般是以怎样的顺序来制作PPT的？

如果没有思考，直接开始制作的话，这多半会是一个失败的PPT。一边思考一边做的话，那么如果出现想修改的部分，比如开始和结尾想说的内容不一致，就不得不把全部内容都修改一遍，耗费许多精力。

所以，我们应当先决定资料上要出现的内容，比如提案内容、重点、详细说明、成本等，然后再开始制作简单易懂的PPT。不过，**一流的人并不会以"制作简单易懂的PPT"为目的。**

PPT本身就是为了配合做pre而开发的工具。所谓"pre"，指的是presentation，也就是提案。那么，我们为什么要做提案呢？这是**因为想让对方有所行动。**比如：

· 想让客户购买产品

· 想让项目得以顺利启动

· 想让上司做决定

做提案的最大目的是诱发对方的行动。所以，在考虑PPT的结构之前，我们还有另一件必须思考的事，那就是：希望对方采取怎样的行动？

举个例子，如果我们想让部长来做某一决定，普遍的做法是在PPT中写明内容和理由。不过，只是这么做可万万不行。要知道，如果"只是让对方做决定"的话，对方很可能会因为各种各样的原因而否定提案。比如觉得这么做没什么意义、现在没有必要、对这一提案没有把握（如果失败会付出极大的代价、资源不足、预算不足等等）之类的。

为了打消对方的顾虑，就得在PPT中准备对应的内容。也就是说，要根据你希望对方采取的行动，而改变PPT的内容。即使PPT做得再简单易懂，如果对方听完之后只是说"明白了，我们会考虑这件事的"，那么我们也没有达到自己的目的。**我们希望得到的回复是："好，就这么办！"**

让我再多说几句。为什么世界上会存在PPT这种工具呢？从字面来看，"PowerPoint"，Power＝力，Point＝点，也就是"力点"。各位读者，你是否思考过，"力点"是什么意思？

从开发者的角度来说，意思似乎是"想要给予发表者力量"，所以才将其命名为"PowerPoint"。不过，我对此有另外的解释——除了发表者，PPT还会给予听众力量，能激发他们的行动力。

所以，在制作PPT的时候，最重要的是应该想清楚"我们希望谁采取怎样的行动"，之后再来考虑结构等内容。这样一来，一定可以做出能给予对方"行动力量"的精彩PPT。

展示调查结果

三流的人只展示结果；二流的人会分析结果；一流的人怎么做？

接下来要说的是我之前上班时的事。我周末加班，把星期一开会要用的资料整理了出来。这是一份总结了各个调查结果的报告书，详细地记录了竞争公司的分店地址、价格、服务等许多内容。星期一开会的时候，在我开始说明调查结果的5分钟之后，上司便打断了我："所以你到底想表达什么？如果只是调查结果的话，光看资料就够了吧？"

当今社会，只要动动手指，我们就能在网上获得海量的情报，并且，诚如那位上司所说，如果只是展示结果的话，根本不需要再进行说明，大家各自阅读资料即可。当时的我只知道展示调查得出的结果，这无疑是三流的人的做法。

那么我们应该怎么做呢？分析结果吗？"根据这个结果，可以得到以下结论……"其实，这只不过是二流的人的做法。

那么一流的人会怎么做？一流的人会说：**"从这个结果看，我们应该这样去做。"**也就是说，一流的人对如何采取行动进行说明。

比如，我们去做体检，如果医生只说："体检的结果出来了，您的肝脏数值是6.4，这个数值要注意一下啊。"我们不免会追问："所以说，我到底应该怎么注意一下？"

仅仅思考结果是不够的。

结果＝体检结果显示，肝脏数值是6.4。

思考＝这个数值值得注意。

行动＝最好1周只喝1次酒。

一流的人所要做的是说明怎么行动。在开头的例子里，上司希望我做的，是告诉他我们应当采取的行动。

当我们对某件事物进行调查的时候，必定是因为想要解决某个问题。这时，最好按照以下的流程进行说明。

1.结果 = 得出了怎样的结果。

2.思考 = 从中可以得出什么结论。

3.行动 = 应该怎么办。

比如：

1.得出了怎样的结果

根据调查结果，第1课[①]的人工费大幅度超出了预算。第1课的职员数量本身并未增加，超出的部分基本都是采用费[②]。

---

① 课：日本将一个独立的部门或科室称为课。

② 采用费：公司录用新职员的费用。

2.从中可以得出什么结论

第1课的录用工作并不顺利，时常有职员辞职。

3.应该怎么办

我打算重新制订录用和培训计划。您认为怎么样？

告知结果、得出结论、说明怎么行动，整个流程如行云流水。这就是一流的人的说明流程。

-Road to Executive-

一流的人说明怎么行动。

☐ 试试按照"结果—结论—行动"的流程进行说明吧！

引人入胜的说明

三流的人喋喋不休；二流的人突出重点；一流的人怎么做？

在日常的对话中，我们时不时会感叹道："这个人可真擅长说明啊！"

比如，在聊起最近看过的电影时，有的人就能讲得妙趣横生，让人听过之后迫不及待地想要去看；有的人就讲得平平淡淡，无法引起别人的兴趣。

如果有人能用1分钟的说明引起听众的兴趣，那么他一定也十分擅长做提案或是演讲。这是因为，他已经熟练地掌握了如何进行"引人入胜的说明"。

或许有许多人都认为自己不擅长引起别人的兴趣，不过这并非难事，只要我们掌握相应的技巧就可以做到。各个领域都有许多让故事变得精彩的技巧，比如写作中的"起承转合"，能乐中的"序破急"①，以及剧本创作中的"英雄之旅"理论——英雄陷入危机，最终逆风翻盘，大获全胜。

以上这些理论的共同点是什么？答案是，在叙述的最开始都"发生了一些事"，发生了能让听众兴致勃勃、心脏扑通扑通狂跳的引人注目的事。这就是"引人入胜"的诀窍。正是因为前面发生了各种各样的事，Happy Ending（大团圆结尾）才会让人感到快乐。

2017年大火的电影《奇迹，那天如此重要》，是以日本组合GReeeeN②的真实经历为蓝本改编的。让我们以这部电影为例进行讲解。

"电影是以GReeeeN的经历为蓝本改编的。说的是某对兄弟想要组乐队，却遭到了父亲的强烈反对。而且，当时弟弟还在读牙医专业，原本打算毕业之后当牙医的，所以乐队活动绝对不能被父亲发现。大家猜猜他们是怎么做的？（前面是事件）他们决定以前所未有的不露真面目的形式出道。这简直是一个不可思议的奇迹！"

---

① 序破急：日本古典舞乐、能乐的演奏方法，是一种日本文化孕育出的3段构成法，现在也常引申至别的领域使用。

② GReeeeN：日本4人组 J-POP和声组合。

像上面这个例子一样，过程中发生了事件，接下来便可以展开叙述了。再举一个例子看看：

"我之前看了一部讲老师的电影，说的是某一天，主角突然发现自己双目失明了。他变得自暴自弃，甚至还考虑过自杀。（前面是事件）但是因为某个契机他振作了起来，决心向着梦想前进。非常感人的！是最近看过的电影里我哭得最厉害的一部！"

从上面的例子中，我们可以看出，**如果想让叙述变得引人入胜，中间就一定得发生什么事**。换一种说法，就是"过程中发生了变化"。

一边倒的叙述十分无聊，就像坐过山车时，如果老是平着滑来滑去，游客一定也会感觉无聊吧。只有迅速上升、迅速下降，让人在游玩过程中哇哇大叫，才会令人感到有趣。引人入胜的最关键的要点就是"发生变化"。

如何活用这个理论呢？我们可以用上在讲笑话时常会用到的"张弛法则"：首先，制造一个让人紧张起来的状态；接着，说些能让人一下子就松一口气的话。如此一来，便能让人捧腹大笑。

在某个演讲中，某位看起来威严满满的社长登上演讲台，开口便说："我现在经营着4家公司。"正当观众心想"果然如此，看起来就很威风"的时候，社长又接着说道："顺便一提，我也已经离了4次婚。"观众为这急转直下的变化而哈哈大笑，会场内充满了快乐的氛围。

我们在日常的工作与生活中，也可以运用这一技巧，让自己的话语变得有趣起来。即使只是普通的对话，一流之人也能激发对方的兴趣，让对方快乐起来。我们也得向他们学习，时刻保有娱乐精神。

专业词汇

三流的人使用只有自己人理解的词；二流的人使用专业领域里共通的词；一流的人怎么做？

当我们面对广大听众做报告或是演讲时，一定得注意一个细节，那就是专业词汇的使用。

"内容文件夹通过数字营销连接B2B……"如果话语里都是这样的词汇，听众一定会听得头昏脑涨，不懂这是在说些什么。

"从构建于新时代的事实上的新标准中，我们可以看出……"如果没完没了地絮叨这种话，听众就会眼皮打架，昏昏欲睡。

当听众数量众多时，他们的知识水平或多或少会存在一定的差异——不过，不论知识水平如何，只要主讲人频繁地使用那些听不懂的专业词汇或是难以理解的词，听众就会有被甩在一边的感觉。

然而有时，许多人会不自觉地使用大量专业词汇。各位读者，在你的周围有这样的人吗？

为什么在别人面前说话时会不自觉地使用大量专业词汇呢？这是因为没有事先设定好"要说给谁听"。弄清楚这一点，可比弄清楚"要说什么"重要100倍。

比如，你在一家网络服务公司工作。在介绍业务时，面对业界人士、面对一般购买服务的客户和面对小学生时，就需要采取完全不同的介绍方法。由此可见，根据听众的等级来选择合适的说明方法十分重要。

当然，我们也常会遇到一些问题，如"我不知道听众的知识水平位于什么层次""听众的水平参差不齐，到底要对标哪一等级的听众进行介绍呢"……我的建议是，使用以下3种方法来划分听众的水平，并决定要对标哪一种：**同事水平、朋友水平、小孩水平**。

同事水平，指的是就像和同事说话一般。主要面对的是有相关经验的人士、业界从业人员之类的内行。对这种水平的听众进行说明，可以放心大胆地使用专业词汇。

朋友水平，指的是就像和朋友说话一般。主要面对的是没有那么多专业知识的人、普通人之类的外行。对这种水平的听众进行说明，最好不要使用太多专业词汇，可以把专业词汇掰开揉碎进行说明。

小孩水平，指的就是像和孩子说话一般。主要面对的是完全没有相关知识的人，对这种水平的听众进行说明，最好把对方当成小朋友或者老人，不要使用专业词汇，可以使用身边常见的事物来举例子、打比方。

顺便一提，日本搞笑组合King Kong①的成员之一西野亮广，在同老年人解释"何为网络沙龙"的时候，会直接将其说成"粉丝俱乐部"。

总的来说，我们在考虑如何进行说明时，一定要注意一个重要的顺序，那就是先弄清楚这次说明"要说给谁听"，其次才是"要说些什么"。

专业的落语家会根据听众的不同改变自己的表演，面对落语爱好者、全国网络和在小学进行表演时，会选择不同的哏。这是因为他们清楚地知道这次表演会面向怎样的观众群体。

我们在面对广大听众做报告或演讲时，经常把注意力集中在内容本身，而忽略了受众群体。各位读者，请一定要避免犯这样的错误，事前就要弄清楚"我是在面对什么知识水平的听众说话"。

-Road to Executive-

一流的人根据不同的受众群体选择不同的词。

☐ 试试按照"说给谁听""说些什么"的顺序来
准备说话内容吧！

---

① King Kong：日本搞笑组合，另一成员为梶原雄太。

抑扬顿挫

三流的人平铺直叙；二流的人注意抑扬；一流的人怎么做？

"今天关于如何进行说明，我有3点要讲给大家听。"

以上这句话，如果平铺直叙，干巴巴地念出来，一定会让听众感到无聊。我们要使用更为抑扬顿挫一些的说话方式。

所谓"抑扬"，指的是说话时声调抬起或下降。比如："今天（抬起）关于如何进行说明（下降），我有3点（抬起）要讲给大家听（下降）。"

这样做，会使表现力更为丰富。另外还有重音的使用。同样是上面的例子："今天（弱）关于如何进行说明（**强**），我有3点（**强**）要讲给大家听（弱）。"重音的使用，能够强调句中想要突出的部分。

另外还应注意速度的快慢。依旧是上面的例子："今天（快）关于如何进行说明（**慢**），我有3点（**慢**）要讲给大家听（快）。"

注意抑扬、使用重音、改变速度，如果能做到以上3点，就能让说明产生脱胎换骨般的变化。

不过，一流之人在讲话时，不会刻意地去注重以上3点——并非他们不在意，而是这些方式已经自然地融入了他们的话语中，不用再刻意地去注意。

日本搞笑艺人明石家秋刀鱼称得上"抑扬顿挫的专家"。在某个节目中，他说："哎呀，大家有没有看到那个！那可真是太有趣啦！"表现力十足。不过，我想他并没有在说话时刻意告诉自己

"得在这个地方使用抑扬顿挫的方式",而只是单纯地"已经习惯了如此的表达方式"。

美国有一档主打用18分钟进行演说的电视节目,名叫TED[①]。在TED大会上做过演说的日本人中,我想最出名的就是植松电机[②]的植松努社长,他演讲的题目为"信念照亮现实"。演讲开始不过10秒,他就成功地吸引了观众的注意,深厚的感情也随着他的娓娓道来倾泻而出。

如果一个人无论如何也想将某件事告诉给他人,那么自然会带上丰富的情感,自然也会让话语变得"抑扬顿挫"。这样的经历想必大家都曾有过。有趣的电影、美味的食物、欢乐的旅行,当我们将这些事讲给别人听时,即使没有刻意去做,语调也会自然地抑扬顿挫。

如果将这一点运用到说明中,就应该:

1.传达你真正想要传达的信息。在进行说明时,我们要去说那些"死也要告诉别人"的话,如此一来,感情自然就会变得丰沛。

2.习惯去表达感情。日常生活中的普通对话也不能忽视。我们常常会羞于表达自己的感情,所以在日常生活中,就要习惯于去表达。吃到美味的食物时,不要只是简单地夸赞,而要真正把内心的赞誉说出口;在欣赏壮美的夜景时,也可以试着把自己内心的激动

---

① TED:TED("Technology""Entertainment""Design"3个词的缩写,即技术、娱乐、设计)是美国的一家私有非营利机构,该机构以它组织的TED大会著称,每年3月,TED大会在北美召集众多科学、设计、文学、音乐等领域的杰出人物,分享他们关于技术、社会、人类的思考和探索。这个会议的宗旨是"传播一切值得传播的创意"。

② 植松电机:日本工业设备制造商。主要业务内容为设计、生产和销售车载低电压电磁铁系统。

宣泄出来……只要从生活中的点滴小事做起，我们就会渐渐地习惯表达自我，说明也就能饱含丰富的情感了。

传递话语

三流的人只顾自己说明；二流的人让对方听得明白；一流的人怎么做？

"说明是什么？"如果有人问我这个问题，我会回答说："**说明是将自己脑海里的事，'安装'进对方的脑海。**"

当我们想要说明某件事时，这件事已经存在于我们自己的脑海中，对方却并不了解，因此，我们才需要对其进行说明。说明的目的是希望这件事能够进入对方的脑海。

尤其是在面对很多听众时，是否拥有这种意识，会极大地影响说明的质量。如果能做到像放电影一般进行说明，就能一口气将说明的内容传递给许许多多的人。在这里，让我来教大家一个十分实用的方法，那就是"**实演法**"。

正如其字面意思，"实演法"意为"仿佛实际的演出一般"同听众分享主讲人自身的经历。举个例子："我20岁的时候，父亲对我说过一句话，让我至今都铭记在心。'理沙，我希望你能无怨无悔地度过一生，所以你只要去做自己真正想做的事就好。'之后，他继续说道，'不论别人怎么说，爸爸永远是你坚强的后盾。'正是因为他这一番话，我才得以充满自信、努力拼搏、向前迈步。"

我们在讲述上面的内容时，可以用表演的形式将父亲说的那番话说出来，就仿佛真的是父亲在台上说话一般，如此一来，就能在听众的脑海中留下深刻的印象。

那些从事与"说话"有关的职业的人，常常会从落语中学习说话方式。落语家可谓"实演"的专业级人物。不管是古典落语还是新作落语，演出中都会出现好几个人物。表演者一人分饰多角，在舞台上进行演出。

如果有机会，请各位一定去看看中田敦彦①的YouTube大学系列视频。每个视频的角色都多达十几个，可是演出者却只有中田一人。他一个人将每个角色都表演得活灵活现，可谓登峰造极的实演表演。

人类更习惯用视觉获取信息。早上醒来睁开眼的那一瞬间，我们就已经开始用视觉收集信息了。所以，如果能在演说中利用视觉效果吸引观众，往往会有令人惊喜的效果。

那么，用数据或图表进行说明时又该怎么做？这时可没有各种人物了！别担心，其实同样可以使用实演的技巧。

我们在说"有以下3个要点"时，可以做出"3"的手势，用视

---

① 中田敦彦：日本男演员，参演电影包括《心跳不已的宠物蛋》（2007年）、《去住坟墓吧》（2010年）、《津轻百年食堂》（2011年）。

觉来加深听众的印象；在说到"我们的目标销售额是1万亿日元"时，则可以竖起食指。

在对图表进行讲解时也同样如此。比如，在说到"去年与前年相比基本持平"时，可以水平打开手臂，说到"而今年则出现了20%的增长"时，可以左手仍旧保持水平状态，而右手微微抬高，来传达出增长的信息。

当我们面对很多听众时，仅仅使用语言，很难**将自己脑海中的内容"安装"到对方的脑海中——而这一点十分重要**。为此，我们需要配合肢体语言，让听众的脑海也产生画面感，才能真正使对方印象深刻。

-Road to Executive-

一流的人将信息印入对方脑海中。

☐ 试试使用"实演法"，让对方的大脑中产生画面感吧！

介绍产品

三流的人不了解自家产品；二流的人介绍产品的功能；一流的人介绍什么？

一名优秀的销售会如何介绍产品？

这是一个意义重大的问题。因为它的答案不仅适用于销售，也适用于各种各样的场合——在公司提出新方案时，想要发起呼吁时……总之，只要是"希望促进他人的行动"的场合，这个答案就能帮助我们解决问题。

让我们开门见山，先从结论说起吧。结论是：**优秀的销售不会介绍产品，而是介绍"未来"**。这是因为，人只有在对购买产品后的未来抱有憧憬时，才会产生想要购买某件产品的念头。

比如，旅行车的广告中，不会一一介绍车子的性能、燃料费、耐久度，而是会播放一家人坐在车上，快快乐乐地去旅游的画面。这并不是在说明产品本身，而是在介绍购买产品后的"未来"。

说起营销界的传奇人物，就必须提到Japanet Takata的前社长高田明。他在电视购物节目中曾创下一天销售出1万台电视机的辉煌战绩。

令我印象深刻的是他推销天然矿泉水的节目。节目画面中映出了壮美的群山，群山环抱中，清澈的溪流汩汩而出。那溪水看起来是如此清冽、纯净，仿佛能洗涤人的心灵一般。这时，高田明社长说："让人不由得想要掬一捧畅饮呢！"紧接着便是广告词"天然矿泉水，直接灌装，送到您的家门口"。

看了这个广告的观众，就仿佛自己也用手掬了一捧清泉畅饮那般，感到神清气爽——明明还没有喝到口中呢！这是一流的人的广告词带给观众"仿佛拥有了这样的未来"的错觉。

高田明社长卸任后，Japanet Takata的销售额并未减少，反而增长了1.3倍。这就证明这一商品销售模式已经渗透到公司的经营理念之中了。

那么，我们又该如何对"未来"进行说明？**一流之人拥有一个**

魔法般的小问句，能帮助他们做到这一点。说起来并不难，人人都能做到，那就是：如果这么做，会发生什么？这个问题拥有让人畅想未来的强大力量。

"您买下这辆车，是想带着孩子出门去玩吗？""如果这个问题得到解决，能够实现什么？""如果您掌握了这项技术，会想挑战什么呢？"

通过提问，我们可以让客户在头脑中畅想未来。如此一来，便可以再接再厉，告诉客户"您憧憬的那些未来，通过购买本产品就能实现"，客户多半会爽快下单。

不仅仅局限于销售，在公司提出新方案时，我们也可以采用"如果实施这一方案，公司会产生怎样的变化"的说明方式。当听众的脑海中开始对我们描绘的未来浮想联翩之时，他们便会采取行动。

一流之人具有丰富的想象力，能够将未来描绘得栩栩如生，让对方听得如痴如醉。这是因为，在描绘未来时，我们也期望自己真的能为对方理想的未来贡献出一份力量。这一美好的想法，一定能成为我们为对方描绘光明未来的动力。

-Road to Executive-

一流的人描绘未来。

☐ 试试为听众勾勒出理想的蓝图吧！

提问环节

三流的人当场"死机"；二流的人拼命解释；一流的人怎么做?

面对客户的企划介绍也好，在会议上提出新提案也罢，当我们进行说明的时候，一定会有一个避不开的环节，那就是"提问"。甚至可以说，这才是说明流程中难度最大的一环，因为我们完全不知道对方会提出怎样的问题。

美国心理学家N.H.安德森在其理论"近因效应"中指出："人容易受到最后接触到的信息的影响。"而"提问"这一环节往往是在最后进行的，如果做得好，就能给人留下"这是一场精彩的说明"的印象。反之，如果做得不好，就会留下"失败的说明"的印象。

接下来，我将为各位介绍能让提问环节取得圆满成功的秘诀。

在提问环节，我们通常可以将问题分为两类，一类是"**因为不懂产生的问题**"，一类是"**因为异议产生的问题**"。

举个例子，现在我们正在公司内介绍一款新推出的电脑，眼下说明落下帷幕，进入提问环节。"因为不懂产生的问题"，指的是"预计销售额可以达到多少""准备如何推向市场"之类的问题。提问人想要得到问题的答案，所以才会提问。"因为异议产生的问题"，指的是"以前不也推出过类似的产品吗?""这款产品真的有市场吗?"之类的问题。提问人对说明内容本身提出了疑问。

第一类问题只要给出答案即可，而第二类问题需要消除对方的质疑。如果将二者弄混，即使拼命解释，也给不了对方想要的答案。

所以，我们应该准备"**假设问题**"。"假设问题"指的是，提前预测对方会提出怎样的问题，并据此准备相应的答案。

以介绍产品为例，如果是针对"因为不懂产生的问题"，只需提前准备好有关操作方法、成本、宣发日期等问题的答案，回答清楚就可以了。而"因为异议产生的问题"，换言之就是"反对意见"，这可比前者难回答多了。

为了应对"反对意见"，我们必须提前思考，找出"可能会被反对的部分"。我建议各位在脑海中进行"**天使与恶魔**"的对话演**练**。"天使"指的是肯定的一方，"恶魔"自然就是指提出反对意见的一方。

> 天使："我们这次推出的产品，目标是挑战业界最轻！"
> 恶魔："为什么要挑战最轻？"
> 天使："因为去年销售数量增长最多的就是轻量型电脑。"
> 恶魔："某某公司的电脑是重量型的，不是也卖得挺好的吗？"

如此这般，采用自己反对自己的形式向自己提问，接着再思考能够说服反对意见的答案。请注意！大多数人在做提案时，只会关注好的那部分，而不关注可能会被人质疑的部分。因此，"恶魔"这一角色是不可或缺的。

为什么一流之人说话时总是看起来自信满满呢？这是因为他们做了充足的准备，不管对方提出怎样的问题，都能沉着冷静地应对。自信可不是凭空产生的，人们需要花费大量的精力和时间做准备，才能拥有自信。

-Road to Executive-

一流的人提前准备。

☐ 试试准备"假设问题"，让应答臻于完美吧！

Chapter 12

线上的说明

线上讲话

三流的人硬着头皮开口；二流的人开门见山；一流的人怎么做？

现在这个时代，线上讲话比以前增加了不少。在新冠肺炎疫情暴发前，我常年在全国各地出差，参加研讨会、培训和各类面谈，一年光是出差费就会花掉200万日元。现在，这个数据变成了0，我甚至不能离开东京一步——不过，与他人谈话的机会，反而比疫情前大大增加了。有了网络，即使足不出户，也能与身处异地的人进行交流。

这一年来，每一天我都在与各种各样的人进行线上交流，我发现，线上讲话通常可以分为以下两种模式。

1.先进行一些杂谈，再进入正题。

2.开门见山，直入主题。

如何分清该使用哪一种模式，两种模式又该在什么情况下使用呢？这里有一个诀窍，那就是**在正式开始前，稍微"试探"一二**。

比如，可以先说些无关痛痒的话，来观察听众的反应："大家好，感谢大家抽出宝贵的时间参与这次线上会议。最近天气越来越热啦。""最近举办线上会议的机会越来越多了。"

"想必大家出门的机会也减少了吧？"

如果画面中的其他与会者频频点头，给予肯定，那么我们便可以多聊几句，炒热会议的气氛，听众也能跟着放松一些，便更容易听得进去我们接下来要说的话。

在简单地聊上几句后，便可以转入正题。可说一句："瞧我，不知不觉间就说上头了。难得各位能抽出时间，那废话不多说，让我们正式开始吧！"

反过来说，如果其他与会者反应冷淡，那么就不必再进行闲聊，最好直接开门见山。

当然也有人并非因为对闲聊不感兴趣，而只是单纯地不擅长聊天，所以不知道如何反应。这种情况下，我们最好也赶快进入正题。如果东拉西扯说太多，可能还会令对方心生不快。

各位记住了吗？诀窍就是先试探一下，再根据对方的反应采取不同的说明方式。

也许有人会说，那线下讲话时不也一样吗？的确如此。可是，与线上讲话相比，线下讲话可以获得堪称庞大的信息量：会场的氛围、听到的声音、看到的画面、直观的感受……轻轻松松就能知道听众目前的状态。

而线上讲话就没有这么简单了。我们很难在线上会议室中感受到会议的氛围，因为不能与听众做眼神交流，所以也很难读懂对方的表情，会议还常会因为网络波动而中断。总而言之，就是很难去把握听众目前的状态。因此，我们才需要用试探的方法，掌握听众的信息。

线上讲话比线下讲话花费的精力更多，并且也更考验主讲人把握听众状态的能力。请各位读者一定注意，在进入正题前就得把握听众的状态，因为这会直接影响你接下来采用的说明方式。

-Road to Executive-

一流的人迎合听众。

☐ 试试在正式开始前试探听众的反应吧！

推进话题

三流的人难以进行；二流的人自说自话；一流的人怎么做？

在新冠肺炎疫情暴发后，本公司已经开展了差不多1000次的线上会议和培训。我从中获得的最大的经验教训是，线上会议中听众非常容易走神。麦克风的杂音太大，说着说着突然就没声音了，网络波动导致画面静止……总之，充满了各种各样让人分神的要素。如果是在家里开会，也经常会发生一些线下会议中不可能出现的意外，譬如宠物狗突然汪汪叫起来，或者快递员摁门铃……

作为主讲人，我们要怎么做，才能让听众注意力时刻放在会议上？那就是采用"共同推进法"，也就是如字面所说，和听众一起推进会议。

如果只有主讲人发言，那么就像我在前文提到的那样，听众可能因为杂音、网络、环境等各种各样的原因走神。所以，为了让听众集中注意力，我们要和对方共同推进会议。

具体有以下3种办法。

第一种：提问。

"接下来我会说明关于××的内容，请问大家有想要了解的地方吗？"

"我认为关键在于××，大家怎么看？"

在说明中插入问题。

第二种：同听众获得共识。

"大家对我前面所说的内容有什么疑问吗？"

"那么，让我们接着往下说。"

像这样，如同马拉松长跑中设立的加油站一般，设置一个中途休息点，与听众获得共识后，再接着往下说。

第三种：为听众提供安心感。

"如果各位有什么问题，请直接打断我提问就可以了。"

"不管是什么问题都可以提！请各位畅所欲言。"

像这样，营造出一种让听众感到轻松，随时都可以加入对话的氛围。

如果是线下又如何呢？这3个方法同样适用。我们可以一边对话，一边进行说明。说是对话，其实不一定需要听众具体的回答，我们只需要抛出诸如"前面所说的内容，各位有什么问题吗？""大家觉得如何？""各位想过这样的事吗？"之类的问题，然后一边确认听众的反应，一边推进说明就可以了。

这种方法被称为"一人提问"，可以让听众仿佛在与我们对话一般，将注意力集中在说明中，与我们共同推进说明。

眼神交流也属于对话的一种。 在线上会议时，我们必须看着摄像头，才有可能与与会听众进行眼神交流。一直看着摄像头显然不现实，我们在讲话途中时不时地看一下，与听众进行眼神的交流，这就足够了。

一流之人不但会思考说明的内容本身，也会注意如何吸引听众的注意力。一流的人的说明，就是以听众为基础构成的。

-Road to Executive-

一流的人使用对话的方式说明。

☐ 试试使用上文中的3个方法，与听众一同推进说明吧！

合理运用画面

三流的人口头说明；二流的人配上资料；一流的人怎么说？

线上说明也有许多优点，比如随时都能与人交流，可以和不同的人进行交流，不需要跑来跑去，等等。在这当中，我认为最具有划时代意义的，莫过于可以与他人瞬间分享资料。

也许有人会问，线下不也可以分发资料吗？不过这和线上说明还是有所不同。最大的不同点在于"听众的目光"。如果是在线下进行说明，资料一发下去，听众大多都会低头看资料，在说明的过程中，常有人头也不抬，只顾把资料翻得哗哗响。

而在线上分享资料时，因为资料投射在屏幕上，所以听众都会抬头看画面。也就是说，在这个时候，资料也好，主讲人也好，都沐浴在听众的目光之下。

这时如果仅仅用资料进行说明，就太浪费了。我们应该最大限度地利用这一优点，用"**资料＋表情＋动作**"进行说明。

各位读者，你们在读书的时候，是否有过这样的经历：一直盯着黑板上密密麻麻的板书看，不知不觉就犯困了。一堂妙趣横生的课，不只有板书，同时还需要配合老师生动的表情和夸张的动作。

如果比较"只用资料进行说明"和"用'资料＋表情＋动作'进行说明"的话，无疑后者占据上风。而为了更好地利用线上会议的这一优点，我们就得将画面的优点最大限度地利用起来。

当听众的注意力集中在资料上时，就主要围绕着资料进行说明。

当听众已经理解了大概时，就主要用表情和动作进行说明。

为了给听众留下深刻的印象，甚至可以短暂地撤下资料，只用表情和动作进行说明，之后再重新把资料放上来就可以了。如图12-1所示。

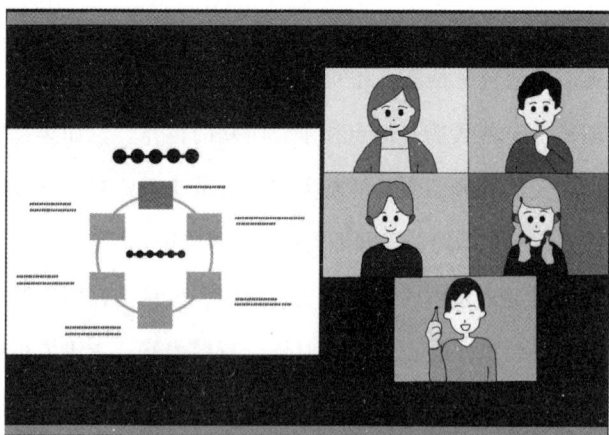

图12-1

本公司在举行研讨会或培训时，也会按照以下3点进行说明。

1.以资料为主。

2.以表情和动作为主。

3.撤下资料，只用表情和动作说明。

新冠肺炎疫情暴发后，我们召集了全国的讲师，反复进行了线上会议的练习。结果是，讲师都掌握了如同电视上一般随时切换画面的技巧。

苹果公司创始人史蒂夫·乔布斯在举办产品发布会时，总是会最大限度地利用舞台，用画面、表情、动作等多种方式进行说明。如果只使用一种方式的话，想必观众很快就会感到厌倦吧？线上会议也是如此。所以，我们必须最大限度地利用画面，以让说明产生变化，调动观众的注意力和兴趣。

一流之人能最大限度地发挥事物的优点，用饱满的热情对听众进行说明。如果我们能做到这一点，就能抓住听众的心。

发生故障

三流的人不知所措；二流的人随机应变；一流的人怎么做？

线上会议充斥着各种各样的故障："网络连不上了""听不到声音""画面卡了"……这些问题是难以做到百分之百避免的，比起如何规避故障，我们更应该致力于如何应对故障。

当发生故障时，一流之人不会惊慌失措，而是能够做到沉着冷静。这是因为，一切都在他们的预料之中。

让我来为大家介绍一个真实发生过的案例吧。我曾经做过一段时间的面试官。在某次面试时，面试者的电脑出现了一点故障，他的声音消失了。要知道，这可是在面试中呢！按照我的经验，一般来说，面试者都会惊慌失措、十分焦躁。不过，这位面试者并非如此。

他发来消息说："不好意思，可以给我3分钟的时间吗？"3分钟后，一切都恢复了正常。我不禁询问他是怎么做到的，而对方回答说："以防万一，我准备了一台备用电脑。"

这让我小小地惊讶了一下。他的备用方案和沉着冷静的态度都令我印象深刻，所以我便录用了他。这位职员现在依然活跃在我们公司中。

即使出现了故障，也没有丝毫的慌乱。要做到这一点，就需要提前预想可能会出现的问题。那么，又该怎么去提前预想可能会出现的问题呢？我列举了以下几点。

1.**听不到声音**。

出现这种问题，多半是电脑设置的原因。大多数情况下，检查确认一遍设置，或是戴上耳机，就可以解决此类问题。我建议大家提前查询可能引起问题的原因以及解决方法，这样一来，即使是问题出现在对方身上，我们也可以给对方提出建议。

2.**画面卡住**。

出现这种问题，多半是因为网络波动。大多数情况下，改变网络连接，或是等上一会儿，就可以解决此类问题。如果对方卡了，而不停地追问"您没问题吧？""您那边还好吗？"会让对方感到焦虑。因此，最好的处理方式就是在恢复正常前保持微笑。

3.**时断时续**。

出现这种问题，就意味着网络连接可能出了不小的毛病，可以试着先断开再重新连接。如果中断，那么等到重新连接上时，不要慌慌张张地赶紧从断掉的地方开始讲，而是最好和对方确认一下刚才是在哪里断开的，再从那里继续讲起。

曾经，在京瓷名誉会长稻盛和夫经营的盛和塾[①]中，我无数次学到，要"悲观地计划，乐观地实行"。事先为可能会发生的各种问

---

① 盛和塾："塾"在日语中意为"补习班"。京都25名年轻企业家在1983年组建了"盛和塾"，学习稻盛和夫的经营哲学。后于2019年年末解散。

题做好准备，等到真正去做时，就活力满满地去行动。不要害怕故障，要让人生的任何问题都变为我们成长的食粮。

当发生问题时，谁都会感到焦急。正因如此，我们要提前做好万全的准备，才能在故障发生时保持冷静，从容应对。

-Road to Executive-

一流的人提前准备。

☐ **试试提前思考可能会出现的故障，做好万全的准备吧！**

使用邮件

三流的人发送长长的邮件；二流的人对内容进行总结；一流的人怎么做？

在写邮件时，有哪些需要注意的地方？从结论开始写、整理要点、简短总结……这些都很重要，不过，只有这些是不够的。因为收邮件的人很可能一天要阅读上百封邮件，只是简单地检查邮件，就会耗费大量的时间和精力。

我们应当站在收件方的角度思考问题，尽量减轻对方的负担。因此，还有以下3个值得注意的要点。

1.具体地写明自己的要求。

有时邮件洋洋洒洒一大篇，结果读到最后还是没弄明白寄信人的要求是什么，这就令人头疼了。为了避免出现这种情况，最好在邮件开头就写清楚自己的要求。

比如，有关××的请求、有关××的确认、有关××的商谈，以及需要对方采取相应的行动。

有关××的通知、有关××的联络、有关××的信息，这样的邮件只需要阅读就可以了。

2.让对方能够轻松地回复。

如果在邮件中写出"请问您怎么看？"之类没有标准答案、需要对方仔细思考的问题，无疑会给收件方增加负担。即使是要提问，也最好提一些让对方能够轻松作答的问题，比如："现在我们暂定了A、B、C三种方案，打算择其一种实施，您认为这样可以吗？"

如此一来，对方只要回答"Yes"或是"No"就可以了。即使答案是No，因为所提出的不过是一个草案，理由也很容易回答。

再举一个例子，"我们将按如下计划推进（附上资料）。请问您有什么问题吗？"

对方只须回答"没有"，或是提问就可以了。并且，因为有具体的资料，回答就变得更加轻松。

3.尽量一口气办完一件事。

如果双方来回地发邮件，负担肯定比一次就解决问题要大得多。

"您好，这是我们的报价单，请您查收。静待您的回复。"

"回复的截止日期是何时？"

"一周左右。"

"您认为怎么样？"

"我觉得还行吧。"

"'还行吧'具体是指什么呢？"

……

为了避免像这样没完没了地进行下去，最好提前将对方想知道的所有信息整理好，一口气发过去。

当今社会里，我们有各式各样的聊天软件，自然也有了多种多样的发消息的方式。虽说在发消息时不必太拘束，但是如果完全不为对方着想、净发些会让对方头疼的消息的话，不就相当于一种对他人时间的掠夺吗？麦肯锡咨询公司的调查数据显示，**公司职员28%的工作时间都花在收发邮件上**。如果能在写邮件时想办法减少收件方的负担，也就相当于为对方节省了宝贵的时间。

-Road to Executive-

一流的人设法减少对方负担。

☐ **试试发送具体、简洁、一口气就能解决问题的邮件吧!**

分条陈述

三流的人大段陈述；二流的人简单分条；一流的人怎么做？

在许多场合，我们都需要对内容进行分条陈述。会议资料和提案资料自不必说，在社交平台上，这一点也十分重要。在大段大段的文章中，如果一下子看见一篇简单易懂的分条陈述，读者一定会感到开心不已。只是，分条陈述也有三流的陈述、二流的陈述和一流的陈述之分。

首先让我们来看看下面的例子，这是有关某公司的意见征询会的报告。

【三流的陈述】

我们拜访了某某公司，进行了意见征询。公司员工间的交流并不融洽，尤其领导常常打断部下，自顾自地开始说自己的意见。本来我们还想听取更多来自一线的反馈，但并没有做到，因此希望领导能做到听取员工的意见和建议。我建议下一次开展针对领导层的培训，在7月23日（星期五）再度进行访问。

【二流的陈述】

·员工间的交流并不融洽。

·领导经常打断部下，发表自己的意见。

·希望能听取更多来自一线的反馈。

·希望领导能做到听取员工的意见和建议。

·开展针对领导的培训。

·预定于7月23日（星期五）再度进行访问。

【一流的陈述】

现状

·员工间的交流并不融洽。

·领导经常打断部下，发表自己的意见。

解决方案

・听取更多来自一线的反馈。

・领导能做到听取员工的意见和建议。

今后的计划

・开展针对领导的培训。

・预定于7月23日（星期五）再度进行访问。

想要分条陈述变得简单易懂，要注意以下3个要点。

第一，进行分组。以前文为例，将内容分为现状、解决方案、今后的计划等大类进行整理，以便对方阅读自己关心的部分。

第二，1行不要超过30个字。主流的新闻标题一般都不超过30个字；谷歌搜索的字数上限是29个字。如果希望对方扫一眼就能明白内容，以不超过30字为佳。

第三，写3条左右就足够。即使进行了分组，如果每一类下面都是十几二十条，也会让人丧失阅读的兴趣。如果要写的条数太多，最好再分出新的类别。

优秀的分条陈述，要做到扫一眼就能明白大概内容，能够轻松找到自己想看的部分。一流之人的说明会站在对方的角度，在细节处也下足功夫，决不懈怠。

-Road to Executive-

一流的陈述简单易懂、分类清晰。

☐ 试试写出简单易懂、分类清晰的分条陈述吧！

Chapter 13

提高沟通能力的技巧

今后的说明

三流的人泯然众人；二流的人好似AI（人工智能）；一流的人怎么说？

AI正以不可思议的速度发展着。我们有理由相信，一个新的时代已近在眼前：所有问题都可以交给AI去解决。

那么，说明这一领域又如何呢？具有语言处理功能的AI也正在开发中，如果进展顺利，说不定在不久的将来就能发明出接待机器人，事无巨细地回答客户的种种问题。也许，"说明就交给AI去做"的时代已经不远了。

不过，AI也有其弱点，那就是难以处理人类的感情。**很多时候，人们说的话都有着潜台词。**"他虽然看上去精神还不错，不过总觉得和以前哪里不一样了。""表面上是这么说，心里其实是那样想的。"……只有人类才能处理这种复杂的情感。

的确，在分析处理情感方面，AI研究也正如火如荼地推进着，

AI系统能够从声音或是神态上分析人的情感。然而，这种分析是建立在过去的数据基础之上的。此时此刻，这个人的情感到底如何，除了真正站在他面前的人，没有任何别的人能够知道。

当人们在电话中说"我倒是没什么别的事""精神倒也还好"的时候，他一定是有潜台词的，人类能比AI更敏锐地察觉到这一点。

本书的主旨，就是希望教会读者如何体察对方的情感。对方期待的说明是怎样的，超越对方期待的说明又是怎样的，我最想教会大家的，是**如何站在对方的角度思考问题**。交流的本质正是站在对方的立场进行实践，而一流之人对此心知肚明。

我们如何才能做到站在对方的立场进行实践？除了从大量的经验中学习，别无他法。**我们要与各种各样的人进行交流，亲身经历各种各样的事：伤害他人、被他人伤害、做好事、做坏事**……这样才能获得敏锐地体察对方情感的能力。

也许有人会认为，优秀的销售是在磨炼好技巧之后再去接待客户的，但我认为并非如此。正因为接待过大量的客户，优秀的销售才得以磨炼技巧、提升自我。说明也是同样的道理。并非擅长说明所以才去进行大量的说明，而是因为进行过大量的说明，人才会变得擅长。

体察对方的情感，再进行说明。这是AI无法做到的，唯有有血有肉的人类才能进行真正的说明。

-Road to Executive-

一流的人体察情感。

☐ 试试积累经验、磨炼体察情感的技能吧！

沟通不畅

三流的人烦躁不安；二流的人勉强继续；一流的人怎么做？

"就算磨破嘴皮，对方都无法理解……"各位读者，你曾有过这样的经历吗？不论说了多少遍，还是会犯一样的错误，或是任你唾沫横飞，对方自神游天外，又或者完全不理解、不接受你所说的内容。如果遇见这样的事，有些人会满肚子火，态度烦躁不安，也有人会忍一口气，勉强继续说下去。

如果孩子讨厌学习，那么家长强迫他学习也无济于事。其实说明也是一样的。如果对方不愿意听，我们强行继续，说不定还会起到反效果。遇到这种情况，我们该如何处理？那就是不要继续说明。

我们可以暂时放弃说明，转而静静地倾听对方的话。

为什么老是犯一样的错误？为什么集中不了注意力？不能理解、不能接受的点在哪里？这一定都是有理由、有原因的。即使只有短短几分钟也好，我们可以尝试去倾听、去寻找这些理由。

本公司的许多职员都有心理咨询从业资格。在最开始学习有关心理咨询的内容时，最重要的一课就是学会倾听。为了理解对方，需要彻底地磨炼自己倾听的技能。

说起倾听，或许有人会认为，倾听就是完全被动地接受。其实并非如此，**倾听也是向对方主动传递"我在听你说话"的信号，是一种兼顾被动接受与主动给予的行为。**

我在大学刚毕业时，进入了一家2004年就在东证一部①上市的大公司。2008年，公司倒闭，2000名员工都被解雇了。我当时就职于处理倒闭相关事务的小组，与上司一起奔波于全国各地，一遍又一遍地向突然失业的员工们说明理由。那时会场常常陷入恐慌和不满的氛围中，我们经常面临员工情绪激动的指责。

我的上司从不生气。不管面对的是愤怒还是哭泣，他都会认真地倾听对方的话语。渐渐地，会场里人们激动的情绪便平息了下来，最后总算顺利地进入了说明的环节。

"要好好听对方说话"是一句常常能听见的叮嘱，看似简单，实际做起来才发现，世界上没有比这更难的事了。我进入教育界已经多年了，如果问我见到过多少能全身心投入倾听之中的人，我会告诉你几乎一个都没有。即使是我自己也一样，现在我还在努力学习的过程中。

正因倾听是一种可贵的本领，我才更希望正在阅读本书的读者能够学会倾听。

人具有一种**回报性**的心理。"投我以木瓜，报之以琼琚"，如果承蒙了他人的恩惠，就会想着总有一天要报答他。如果对方急需他人的理解，我们不妨暂时闭上嘴巴，静静地去倾听他的话语。说不定哪一天，就轮到他来倾听我们了。

一流之人不仅会考虑如何进行说明，也会考虑如何倾听。这是因为，他们不仅追求把话说出口，更追求能让自己的话真正走进对

① 东证一部："东证"的全称是"东京证券交易所"。企业在东证上市时，在市值总额、净资产、股东数、股票数量、利润和公司成立年数等方面，一部比二部的审核更加复杂且严格。

方的内心。为了达到这一目的，有时暂时放弃说明，也并不是一件坏事。

说明能力

三流的人认为自己不行；二流的人自我感觉极好；一流的人有怎样的自我认知？

如果有人对自己说明的本领十分自得，认为自己具有非常优秀的说明能力，那他的说明也许并不怎么样。说明能力优秀与否究竟是谁来决定的？自然是由听话人来决定的。根据听话人的不同，优秀的标准也会因人而异。

有些人过度自负，认为自己本领十分高强，如果对方听不懂，那都是对方的错！这正是因为他们没有理解这一点。

以前，我在当面试官时遇到过这样一件事，面试者自我介绍说："我已经当了10年的讲师，很擅长讲解和说明。"我于是询问道："请问至今为止，您都传递过怎样的内容？今后您想传递怎样的内容？"面试者便开始认认真真地回答我的问题。5分钟过去了，

10分钟过去了，20分钟过去了，他仍然在滔滔不绝。我耐心地听到了最后，可即便是听了这一通长篇大论，我也没弄懂他到底想说些什么。

这就不在"因人而异"的范畴内了。从事我们这种职业的讲师，对他人进行讲解和说明，是家常便饭的事。正因如此，反而会麻痹——我们已经太习惯"说话"，因此可能会产生自己不论说什么都十分优秀的错觉。

前职业棒球选手铃木一郎[①]，即使在取得首位打者[②]之后，每年也会自我提升，摸索出同以往不同的、更好的击球姿势。

CyberAgent[③]的社长藤田晋常把"开辟和改善"挂在嘴边，他的这份执念启迪了像我这样许许多多的创业者。

认知自我、改善自我，这正是一流的人具有的本领。

回到说明上来。改善自己说明的第一步，就是要正确地认识自己。我们应该如何正确地认识自己？我向各位推荐一个好办法，那就是**观察对方的反应**。

如果在你说完之后，对方给予了诸如"这个项目听起来很可行""我决定买下这件产品"之类理想的回应，那就表明这番说明

---

① 铃木一郎：日本前职业棒球运动员，曾效力于美国职棒大联盟西雅图水手队。唯一连续8场比赛击出安打的球员，赛后入选全明星队外野手。1991年被欧力士蓝浪以第四指名选中，1994年以片假名（Ichiro）在一军登录，当年创下日本职棒单季最多210支安打，并缔造太平洋联盟最高三成85打击率，之后创下连续7年都取得打击王的日本纪录。
② 首位打者：日本职业棒球击球类别中的主要头衔之一。
③ CyberAgent：日本知名的媒体集团，于2000年在日本东京证交所上市，如今全球共有约2600名员工。旗下业务包含网络媒体（社群媒体平台Ameba是其主要业务）、网络广告代理商、智能型手机服务（游戏是重要发展业务）与投资机构CyberAgent Ventures，投资机构约在2005年成立。

是切实有效的。反过来说，如果对方摆出"让我再考虑考虑"之类的回应，那就表明这番说明并没有达到理想的效果。

我将优秀的说明定义为，对方能够给予切实的回应。这个标准难度极大，因此更有实践的价值。说明是否优秀是由对方来决定的，而根据对方的反应，我们就能大概判断出自己真正的说明能力，从而对症下药，提升自我。

如果按照这个流程走下去，总有一天能达到令人惊异的高度。

-Road to Executive-

一流的人的说明能力由对方决定。

☐ 让我们根据对方的反应，来判断自己说明能力的高低吧！

自我介绍

三流的人不清楚自己是怎样的人；二流的人陈述自己是怎样的人；一流的人怎样介绍自己？

各位读者，你会怎样介绍自己？

在日常生活中，我们多半会介绍自己是一个怎样的人。事实上，还有一种更重要的说明，那就是介绍"自己想成为怎样的人"。

比如，"我是公务员，性格温和，喜欢倾听……"这属于自己"是一个怎样的人"的内容，如果用汽车来比喻的话，就是汽车的框架。而"想成为怎样的人"的内容，比如，"我想成为能给他人带去温暖的人"，这才是关键的部分。

再举个例子，奥特曼是打倒怪兽的英雄，这就属于框架；而"奥特曼是给人们带来和平的存在"，才是奥特曼系列的核心。

如果没有核心，框架就无法运转。在棒球和高尔夫的击球中，如果轴心不稳，球就不能飞得远远的。人生也是如此。在仅此一次、无法回头的宝贵人生中，如果我们想要活得尽兴而出彩，就一定需要一个核心。

管理学大师史蒂芬·柯维的著作《高效能人士的七个习惯》畅销全球。在这本书中，有一章叫《以终为始》，在这一章的最开头，作者为我们畅想了这样一个场景：在你的葬礼上，你希望别人为你做怎样的悼词？

各位读者，请认真地思考一下这个问题。书中列举了两种悼词，第一种是：他赚了很多钱，住进了豪宅，出行乘坐豪车，戴着昂贵的手表，度过了精彩的一生。

第二种是：你拼搏的身影总是鼓舞着我向前。即使我身处低谷无法自拔，你也总是用微笑给予我鼓励，就像太阳一般照亮了我。

如果要问这两种哪一种是更精彩的人生，那非后者莫属。在后者的悼词中，我们可以得出以下信息：他极大地影响了他人的人生；他给予了他人希望与勇气；他能让他人感到幸福和快乐。

我想，正在阅读本书的你，一定也想过这样的人生吧。

所以，比起"我是一个怎样的人"，我们更应该去思考"我想成为一个怎样的人"。之后再朝着这个目标不断地学习、挑战、充实自我，向着更高、更远、更广阔的天地迈进。这是我在全书的最后，想要写给各位读者的寄语。

　　希望各位都能成为自己真正想要成为的人，给他人带去希望与力量，度过精彩、美丽、无怨无悔的一生。

-Road to Executive-

一流的人介绍自己想成为怎样的人。

☐ 去发现和追寻自己的人生目标，向着广阔的未来前进吧！

本篇小结

非常感谢各位读者阅读本书。

通过这次阅读，我想各位已经大概掌握了如何更进一步地提升自己的说明能力，也明白了这并非什么天赋异禀，而是人人都能通过学习掌握的知识。说明能力自有其规律与技巧，掌握起来并不困难。如果各位能通过本书学习到这些技巧，那么这就是我作为作者收获到的最大的喜悦。

最后，我再教给各位一个提升说明能力的小技巧，那就是"1%的行动疗法"。

行动疗法，指的是通过采取行动而改变结果。1%，指的是不用一口气做到100分，而是每次只用完成1%就可以了。

比如，现在桌子上摆着一摞参考书，整整10大本，光是看上一眼，就让人失去了阅读的勇气。这时，不妨先丢开9本，只留下1本，并且翻开来只看第一行。要去健身房锻炼60分钟，想想就让人萌生退意。这时，不妨先只举一次哑铃试试看。

读了一行之后，就会不自觉地再读一行，又再读一行；举了一次哑铃之后，就会不自觉地举5次、10次。通过这些1%的行动，我们身体内的引擎就会渐渐运转起来，这被称为"1%的行动疗法"。

我在本书上下两篇中各总结了45个方法，在实践中，各位读者不必非得一次全部用上，可以先挑选其中的一个进行练习。等看到成果之后，再练习第二个、第三个……不知不觉间，你就会发现自己已经熟练地掌握了各类说明技巧，在公司中的地位也有了质的飞跃。

快到说再见的时间了！

在全书的最后，我写下了"介绍自己想成为怎样的人"的内容。其实在写的时候，这部分内容是我最先写好的。我想，世间再没有比介绍自己仅此一次的人生更美好的说明了。各位读者，请你们一定要不停地追寻自己人生的目标与价值，并在这一过程中逐渐认识自我，成为"更好的自己"。

各位读者，不管你是不擅长说明的人、经常被上司训斥的人，还是没有自信的人，只要阅读完了本书，一定就会发生变化。人是会改变的，就从这一刻、这一分、这一秒、这一瞬间开始。

我衷心地祝愿各位都能度过精彩纷呈、灿烂辉煌的一生。

桐生稔

图书在版编目（CIP）数据

有本事的人，一开口就赢了 /（日）桐生稔著, 陈
垚岚译. -- 北京：中国友谊出版公司, 2023.11
　ISBN 978-7-5057-5722-6

　Ⅰ. ①有… Ⅱ. ①桐…②陈… Ⅲ. ①语言艺术—通
俗读物 Ⅳ. ①H019-49

中国国家版本馆CIP数据核字（2023）第172614号
著作权合同登记号　图字：01-2023-1061

①ZATSUDAN NO ICHIRYU NIRYU SANRYU
　Copyright © 2020 Minoru Kiryu
②SETSUMEI NO ICHIRYU NIRYU SANRYU
　Copyright © 2021 Minoru Kiryu
All rights reserved.
First published in Japan in 20XX by ASUKA Publishing Inc.
Simplified Chinese translation rights arranged with ASUKA Publishing Inc.
through CREEK & RIVER CO.,LTD. and CREEK & RIVER SHANGHAI CO., Ltd.

书名	有本事的人，一开口就赢了
作者	[日]桐生稔
译者	陈垚岚
出版	中国友谊出版公司
发行	中国友谊出版公司
经销	新华书店
印刷	三河市中晟雅豪印务有限公司
规格	880毫米×1230毫米　32开
	7.75印张　170千字
版次	2023年11月第1版
印次	2023年11月第1次印刷
书号	ISBN 978-7-5057-5722-6
定价	59.80元
地址	北京市朝阳区西坝河南里17号楼
邮编	100028
电话	（010）64678009